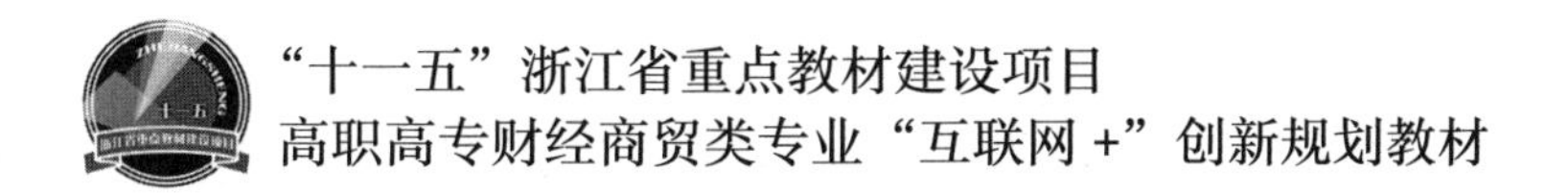
“十一五”浙江省重点教材建设项目
高职高专财经商贸类专业“互联网 +”创新规划教材

成本会计
（第3版）

赵　霞　平　音◎主　编

赵金芳◎副主编

内 容 简 介

本书依据财政部颁布的新的企业会计准则，结合当前成本会计的研究和教学改革成果编写而成，主要内容包括成本会计的基本理论、产品成本的基本计算方法和辅助方法、成本报表的编制等。本书每章均列出学习目标，以生动的案例为引言，并设置了同步测试题和实训活页，以便学生巩固所学知识。本书内容完整，简洁实用，非常注重操作性。

本书可作为高职高专财务会计、统计等相关专业的教材，也可作为社会在职人员及经济管理领域工作人员的培训教材或参考资料。

图书在版编目（CIP）数据

成本会计 / 赵霞，平音主编．—3 版．—北京：北京大学出版社，2022.1

高职高专财经商贸类专业“互联网 +”创新规划教材

ISBN 978-7-301-32823-1

Ⅰ．①成… Ⅱ．①赵… ②平… Ⅲ．①成本会计—高等职业教育—教材 Ⅳ．① F234.2

中国版本图书馆 CIP 数据核字（2022）第 006142 号

书　　名	成本会计（第 3 版） CHENGBEN KUAIJI（DI-SAN BAN）
著作责任者	赵 霞 平 音 主编
策划编辑	蔡华兵
责任编辑	蔡华兵
数字编辑	金常伟
标准书号	ISBN 978-7-301-32823-1
出版发行	北京大学出版社
地　　址	北京市海淀区成府路 205 号 100871
网　　址	http://www.pup.cn 新浪微博：@ 北京大学出版社
电子信箱	pup_6@163.com
电　　话	邮购部 010-62752015 发行部 010-62750672 编辑部 010-62750667
印 刷 者	天津中印联印务有限公司
经 销 者	新华书店
	787 毫米 ×1092 毫米 16 开本 12 印张 322 千字
	2011 年 8 月第 1 版 2015 年 8 月第 2 版
	2022 年 1 月第 3 版 2022 年 1 月第 1 次印刷
定　　价	35.00 元

PREFACE 第3版前言

企业产品成本核算与管理既是企业的一项重要会计工作，也是企业的一项重要管理活动。做好成本会计工作，对于加强企业内部管理、提高竞争力具有重要意义。作为高职高专财经类专业，尤其是会计专业的学生，必须了解和掌握成本会计的基本理论、基本知识和基本技能。

成本会计课程要适应会计环境的变化，必须建立体现时代需求的成本会计课程内容结构。这就要求我们要努力站在学术前沿，及时掌握社会需求动态，不断更新、补充、优化教学内容，将理论知识与实践应用融为一体，以满足培养既有理论深度，又有较强实践能力的成本会计人才的需要。在本次修订中，我们主要做了以下几个方面的工作。

（1）根据最新修订的《中华人民共和国会计法》《企业会计准则——基本准则》和《企业产品成本核算制度（试行）》等，结合我国会计改革的特点修订，内容具有一定的理论性和前瞻性。

（2）充分考虑财经商贸类专业的培养目标和教学特点，在内容结构的设置上力求合理科学，尽量避免课程之间不必要的重复，同时注意深入浅出、简明易懂。

（3）注重成本会计技能培养，内容贴近实际，具有较广泛的适用性。

（4）书中涉及的重点、难点，均配有相应的课程视频，供老师备课使用或学生课下学习。

在使用本书进行教学的过程中，可将理论与实践相结合，建议理论课时和实训室实训各占50%，应注重会计技能的培养。

本书由浙江旅游职业学院赵霞和浙江经贸职业技术学院平音担任主编，由浙江旅游职业学院赵金芳担任副主编，由浙江长征职业技术学院徐亚明担任主审。具体编写分工为：赵金芳编写第1章，赵霞编写第2章～第5章、第7章、第9章～第13章及实训活页，平音编写第6章、第8章。

本书在编写过程中，得到了浙江旅游职业学院和浙江长征职业技术学院相关老师指导和协助，在此一并表示衷心的感谢！

由于编者水平有限，编写时间仓促，所以书中的不足之处在所难免，欢迎广大读者和同行批评指正，以便本书的修改完善。

编　者

2021年10月

本书课程思政元素

北京大学出版社在专业课程教材中增加课程思政元素，以立德树人为根本，以社会主义核心价值观为指导，以中国传统读书人最高理想为主线，深入挖掘提炼各类专业课程所蕴含的思政元素和德育功能，实现思政教育与专业教育的协同推进，知识传授、能力培养与价值引领的有机统一，构建全员育人、全过程育人、全方位育人的思想政治教育大格局，以培养具有“科学素养、家国情怀、工匠精神、创新思维、法律意识、国际视野”并能做好职业规划的高级专门人才和行业精英。

制造业是推动经济长期稳定增长的关键引擎。近几年，我国制造业提质增效稳步发展，相应地，制造业企业成本核算与管理也发生了较大变化。本书将成本会计与“中国制造 2025”、智能制造等新问题、新热点结合，让学生在学习成本核算与管理知识的同时，领略大国制造风采，学习工匠精神。同时，课程内容更多地聚焦扶贫工厂（手工制造）、智能工厂等代表性企业，通过展示制造业的发展变迁，凸显我国制造业发展的现状和路径。

本书在课程思政元素设计上，从社会主义核心价值观出发，围绕“爱岗敬业、诚实守信、廉洁自律、客观公正、坚持准则、提高技能、参与管理、强化服务”八项会计职业道德规范，探讨在“中国制造”“智能生产”“科技创新”等现代化生产背景下制造业企业成本核算和成本管理知识技能。全书紧紧围绕“价值塑造、能力培养、知识传授”三位一体的课程建设目标编写，在课程内容中寻找相关的落脚点，通过案例、知识点等教学素材的设计运用，以润物细无声的方式将正确的价值追求有效地传递给读者，以期达到既传授成本会计理论知识，又潜移默化地增强学生爱国主义、集体主义信念，提升民族自豪感，全面提高学生缘事析理、明辨是非的能力，把学生培养成为德才兼备、全面发展的人才。

每个思政元素的教学活动过程都包括内容导引、展开研讨、总结分析等环节。在课程思政教学过程中，需要师生共同参与，教师可结合下表所列的课程思政元素，针对相关的知识点或案例，引导学生进行思考或展开讨论。本书课程思政元素汇总如下。

序号	对应页码	内容导引	展开研讨	思政落脚点
1	1	案例导入	1. 制造业企业生产的流程有哪些？ 2. 在基础会计课程中，生产环节的会计核算是怎样的？	中国“智造” 科技创新 自立自强
2	2	成本的经济实质	1. 什么是成本？ 2. 成本之于企业的重要性是怎样的？	爱岗敬业 提高技能
3	2	马克思关于商品成本的论述	1. 马克思关于商品成本的论述要点是怎样的？ 2. 马克思关于商品成本的论述有什么指导意义？	爱岗敬业 科学素养
4	5	现代会计	成本会计是现代会计的一个分支，你了解会计的产生与发展吗？	文化自信 爱岗敬业
5	6	成本会计的职能：成本会计岗位介绍	1. 浏览网上成本会计招聘信息，了解成本会计岗位。 2. 成本会计岗位职责是怎样的？	爱岗敬业 诚实守信
6	6	新技术发展对会计职业的挑战	请谈一下你对会计职业未来的展望。	科技进步 开拓创新 提高技能
7	9	成本会计制度：《中华人民共和国会计法》	怎样解读新修订的《中华人民共和国会计法》？	法律意识 文化自信
8	9	成本会计制度：《企业会计准则》	怎样解读新修订的《企业会计准则》？	法律意识 文化自信
9	9	成本会计制度：《企业产品成本核算制度（试行）》	怎样解读新修订的《企业产品成本核算制度（试行）》？	法律意识 文化自信
10	11	“成本—效益”原则	如何理解本次新冠肺炎疫情中的“成本—效益”？	家国情怀 强化服务
11	14	成本核算账户的设置	1. 成本计算对象是什么？ 2. 期间费用明细账户如何设置？	遵纪守法 提高技能
12	18	要素的归集和分配	1. 了解材料、外购燃动力、职工薪酬等生产要素费用的具体范围。 2. 各种生产要素费用如何分配？	家国情怀 参与管理
13	30	辅助生产费用的分配	1. 自制燃动力如何核算？ 2. 如何分配辅助生产费用？	能源意识 节能减排
14	40	制造费用归集的核算	1. 哪些属于制造费用？ 2. 制造费用的核算方法有哪些？	中国制造 创新思维
15	47	生产损失的核算	1. 工厂里的浪费现象有哪些？ 2. 废品损失是怎样造成的？	以器载道 以匠立世 以艺弘德
16	54	生产费用在完工产品和月末在产品之间的分配	1. 常用的生产费用分配方法有哪些？ 2. 列举几个历年来上市公司产成品成本造假的案例。	诚实守信 客观公正 坚持准则

续表

序号	对应页码	内容导引	展开研讨	思政落脚点
17	65	产品成本计算方法	1. 试比较几种成本计算方法的适用范围。 2. 近年来，成本计算有哪些新方法？	提高技能 参与管理 管理创新
18	72	品种法	1. 品种法的适用范围是什么？ 2. 企业运用品种法计算产品成本，成本核算流程是怎样的？	提高技能 参与管理 强化服务
19	93	分批法	1. 分批法与品种法的区别？ 2. 分批法的适用范围与核算方法有哪些？	创新思维 新零售
20	106	分步法	分步法的适用范围与核算方法有哪些？	学术精神 提高技能
21	138	成本报表的编制和分析	1. 成本报表如何编制？ 2. 如何利用成本报表信息进行成本分析和成本控制？	可持续发展 企业大局观 节约意识
22	153	课程拓展学习：反倾销视角下企业成本核算研究	请谈谈如何改进企业的成本核算流程，增加企业提供会计信息的完整性和可信度。	提高技能 参与管理 强化服务

注：教师版课程思政设计内容可联系出版社索取。

CONTENTS 目 录

第1章
总论

【学习目标】

【课程概述】

（1）理解成本的概念。
（2）理解成本会计的对象。
（3）明确成本会计的职能，了解成本会计机构的设置。

【思维导图】

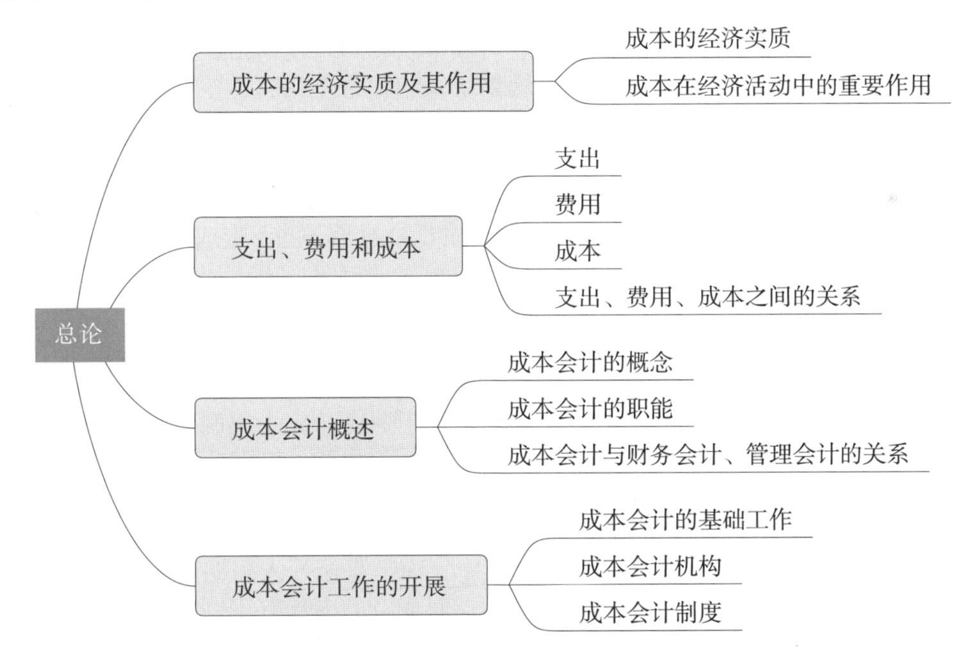

【案例导入】

小王、小刘和小李是三名会计专业的大二学生，在参观完一家生产自行车的小企业后，他们之间引发了关于成本问题的争论。小王认为，自行车的成本应该只包括生产自行车的原材料、生产工人薪酬、厂房折旧、车间水电费等生产费用；小刘认为，小王的说法不完整，成本还应该包括期间费用，如管理费用、财务费用、销售费用等，这些也都是为了生产自行车而发生的；而小李认为，成本应该包括企业的一切支出，甚至包括营业外支出。大家都很困惑，既然成本这么重要，那么哪些支出才属于产品成本的范畴？

1.1 成本的经济实质及其作用

1.1.1 成本的经济实质

成本是商品经济的一个价值范畴，是企业为生产商品和提供劳务等所耗费物化劳动、活劳动中必要劳动的价值的货币表现，是商品价值的重要组成部分。企业经济效益的好坏和成本有直接的关系，企业以追求经济效益最大化为目标，就必须加强成本管理，努力降低成本。而要做好成本管理工作，首先应从理论上充分认识成本的经济实质。

马克思曾科学地指出了成本的经济性质："按照资本主义方式生产的每一个商品 W 的价值，用公式来表示是 $W=C+V+M$。如果我们从这个产品价值中减去剩余价值 M，那么，在商品中剩下的，只是一个在生产要素上耗费的资本价值 $C+V$ 的等价物或补偿价值。""商品价值的这个部分，即补偿所消耗的生产资料价格和所使用的劳动力价格的部分，只是补偿商品使资本家自身耗费的东西，所以对资本家来说，这就是商品的成本价格。"马克思的这段话，第一，指出的只是产品成本的经济实质，并不是泛指一切成本；第二，从耗费角度指明了产品成本的经济实质是 $C+V$，由于 $C+V$ 的价值无法计量，人们所能计量和把握的成本，实际上是 $C+V$ 的价格即成本价格；第三，从补偿的角度指出成本是补偿商品生产中使资本家自身消耗的东西，实际上说明了成本对再生产的作用。也就是说，产品成本是企业维持简单再生产的补偿尺度。由此可见，在一定产品销量和销售价格的条件下，产品成本水平的高低，不仅制约着企业的生存，而且决定了剩余价值 M 即利润的多少，从而制约着企业再生产扩大的可能性。

马克思关于商品成本的论述是从理论上对成本内涵的高度概括，是指导人们进行成本会计研究的指南。但是，社会经济现象是纷繁复杂的，企业在成本核算和成本管理中需要考虑的因素也是多种多样的。因此，理论成本与实际工作中所应用的成本概念有一定差别，主要表现在以下两个方面。

（1）在实际工作中，成本的开支范围是由国家通过有关法规、制度加以界定的。为了促使企业厉行节约，减少损失，加强自身的经济责任，对于一些不形成产品价值的损失性支出，如工业企业里的废品损失、停工损失等，也列入产品成本之中。从实质上看，上述生产损失并不形成产品价值，因为它们不是产品的生产性耗费，而是纯粹的损耗，其性质不属于成本的范围。但考虑到经济核算的要求，将其计入产品成本，可促使企业减少生产损失。

（2）上述理论成本是针对企业生产经营过程中所发生的全部耗费而言的，是一个"全部成本"的概念。按照我国现行会计制度的规定，工业企业应采用制造成本法计算产品成本，从而企业生产经营中所发生的全部耗费就相应地分为产品制造（生产）成本和期间费用两大部分。在这里，产品制造成本是指为制造产品而发生的各种费用总和，包括直接材料费用、直接人工费用和全部制造费用；期间费用则包括管理费用、销售费用和财务费用，在制造成本法下，期间费用不计入产品成本，而是直接计入当期损益。

总之，不同的经济环境，不同的行业特点，对成本的内涵有不同的理解。但是，成本的经济内容归纳起来有两点是共同的：一是成本的形成是以某种目标为对象的。目标可以是有形的产品或无形的产品，如新技术、新工艺，也可以是某种服务，如教育、卫生系统的服务目标。二是成本是为实现一定的目标而发生的耗费，没有目标的支出则是一种损失，不能叫做成本。

【问题与思考】

国外学者查尔斯·T.霍恩格伦等在《成本会计学：以管理为重心（第九版）》一书中指出，成本是获得商品或劳务所做出的牺牲，可以采用现金支出形式，也可以采用机会成本形式，通常成本意味着牺牲或放弃。你对此有什么看法？

1.1.2 成本在经济活动中的重要作用

1. 成本是补偿生产耗费的尺度

企业为了保证再生产不断进行，必须对生产耗用，即资金耗费，进行补偿。企业是自负盈亏的商品生产者和经营者，其生产耗费须用自身的生产成果，即销售收入来补偿，以维持企业再生产按原有规模进行。而成本就是衡量这一补偿份额大小的尺度。

2. 成本是制定产品价格的基础

产品价格是产品价值的货币表现，但在现阶段，人们还不能直接、准确地计算产品价值，而只能计算成本。成本作为价值构成的主要组成部分，其高低能反映产品价值量的大小，因而产品的生产成本成为制定产品价格的重要基础。正因如此，需要正确地核算成本，才能使价格最大限度地反映社会必要劳动的消耗水平，从而接近价值。当然，产品定价是一项复杂的工作，还应考虑其他因素，如国家的价格政策及其他经济政策法令、产品在市场上的供求关系及市场竞争态势等。

3. 成本是计算企业盈亏的依据

对于企业来说，只有当收入超出为取得收入而发生的支出时，才有盈利。成本也是划分生产经营耗费和企业纯收入的依据。因为成本规定了产品出售价格的最低经济界限，在一定的销售收入中，成本所占比例越低，企业的利润就越多。

4. 成本是企业进行决策的依据

企业要努力提高其在市场上的竞争能力和经济效益，首先必须进行正确可行的生产经营决策，而成本就是其中十分重要的一项因素。成本作为价格的主要组成部分，其高低是决定企业有无竞争能力的关键。在市场经济条件下，市场竞争在很大程度上就是价格竞争，而价格竞争的实质就是成本竞争。企业只有努力降低成本，才能使自己的产品在市场中具有较高的竞争能力。

5. 成本是综合反映企业工作业绩的重要指标

企业经营管理中各方面工作的业绩，都可以直接或间接地在成本上反映出来，如产品设计好坏、生产工艺合理程度、产品质量高低、费用开支大小、产品产量增减，以及各部门、各环节的工作衔接协调状况等。正因如此，可以通过对成本的预测、决策、计划、控制、核算、分析和考核等来促使企业加强经济核算，努力改善管理，不断降低成本，提高经济效益。

1.2 支出、费用和成本

在日常的会计核算中，支出、费用和成本之间既有密切的联系，又有本质的区别。只有正确理解支出、费用和成本的内涵及相互关系，才能有助于合理计算成本、费用、利润等各项经济指标。下面以制造业企业的支出、费用和成本为例，简要说明它们之间的关系。

1.2.1 支出

支出泛指企业的一切开支及耗费。一般来说，企业的支出可分为资本性支出、收益性支出、营业外支出和利润分配性支出 4 类。

（1）资本性支出是指受益期超过一年或一个营业周期的支出，即发生该项支出不仅为了取得本期收益，而且为了取得以后各期收益。因此，这类支出应予以资本化，先计入资

产类科目，再分期按所得到的效益，转入适当的费用科目，如固定资产、无形资产、递延资产等。

（2）收益性支出是指企业在经营过程中发生，其效益仅与本会计期间相关，因而由本期收益补偿的各项支出。这些支出发生时，都应计入当期有关成本费用科目，如企业为生产经营而发生的材料、薪酬等开支。

（3）营业外支出是指企业发生的与其日常活动无直接关系的各项损失，主要包括非流动资产毁损报废损失、公益性捐赠支出、盘亏损失、非常损失、罚款支出等。

（4）利润分配性支出是指向投资者支付的股息、红利等，也就是向所有者分配利润有关的经济利益的总流出。

1.2.2 费用

费用是指企业在日常活动中发生的、会导致所有者权益减少的、与向投资者分配利润无关的经济利益的总流出。费用按其同产品生产的关系可划分为生产费用和期间费用两类。生产费用是指生产产品、提供劳务等发生的可归属于产品成本、劳务成本等的费用，如直接材料、直接人工和制造费用等耗费，同产品生产有直接关系，应当在确认销售商品收入、提供劳务收入等时，将已销售商品、已提供劳务的成本确认为营业成本（包括主营业务成本和其他业务成本）；期间费用是指同企业的经营管理活动有密切关系的耗费，同产品的生产没有直接关系，但与发生的期间配比。期间费用发生时直接计入当期损益。期间费用包括销售费用、管理费用和财务费用。

费用的分类如图 1.1 所示。

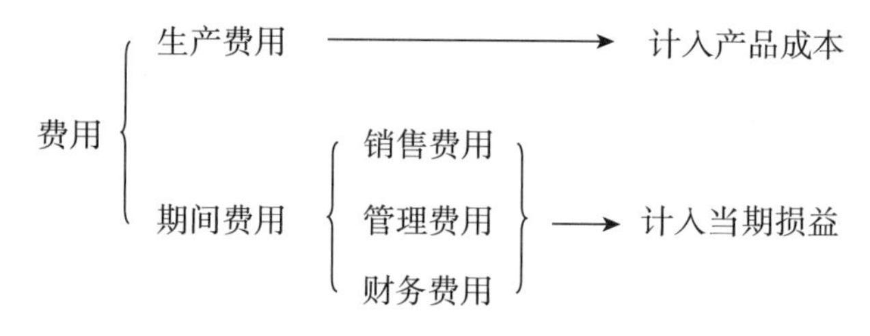

图 1.1　费用的分类

1.2.3 成本

成本是指特定的经济主体为了达到一定的目的而耗费各种资源的货币表现。成本的含义比较广泛，本书中所涉及的成本主要是指产品成本。

产品成本是指企业在生产产品过程中所发生的材料费用、职工薪酬等，以及不能直接计入而按一定标准分配计入的各种间接费用。产品是指企业日常生产经营活动中持有以备出售的产成品、商品、提供的劳务或服务。

【问题与思考】

绿源食品有限公司是一家食品制造企业。20×× 年 3 月，该公司的各项主要开支为：支付购置设备款含税价 113 万元，其中支付的增值税为 13 万元，该设备预计使用 10 年；支付职工薪酬 130 万元，其中，公司管理人员薪酬 20 万元，生产工人薪酬 100 万元（其中，生产甲产品的工人薪酬是 60 万元，生产乙产品的工人薪酬是 40 万元），车间管理人员 10 万元；支付广告费 20 万元，销售产品差旅费 5 万元；支付税收滞纳金 2 万元；本月折旧费 30 万元，其中管理部门 5 万元，生产车间 25 万元；本月应交所得税 20 万元；购买原材料含税价 22.6 万元，其中增值税 2.6 万元。假如你是该公司财务人员，在进行产品成本核算时，针对上述开支，应如何区分支出、费用和成本？

1.2.4　支出、费用、成本之间的关系

支出、费用、成本之间的关系如图 1.2 所示。这种关系也可以用数学关系式表示：支出 ⊇ 费用 ⊇ 成本。

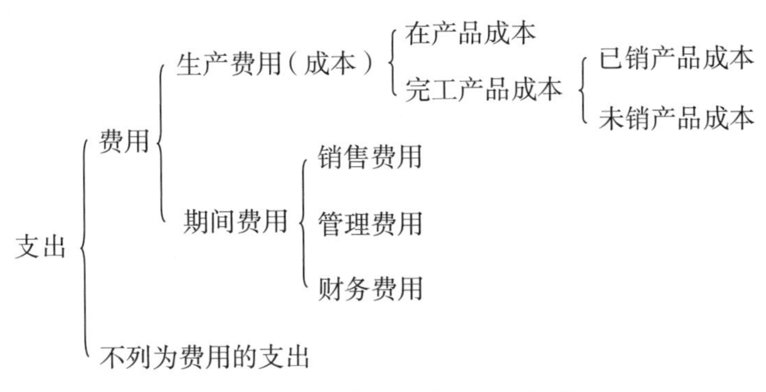

图 1.2　支出、费用、成本之间的关系

1.3　成本会计概述

1.3.1　成本会计的概念

成本会计是现代会计的一个分支，以成本核算和其他资料为依据，遵循会计有关准则，运用一定的技术方法，对成本费用进行归集和计算，求得产品总成本和单位成本，并对成本进行分析和控制。成本会计是以成本为对象的一种专业会计。

成本会计的对象是指成本会计反映和监督的内容。现代成本会计的对象应包括成本、费用。从这个角度来看，成本会计也可以称为成本、费用会计。

1.3.2　成本会计的职能

成本会计是一种专业会计，其基本职能与会计的基本职能相同，具有核算和监督两个基本职能。最初的成本会计职能仅仅是进行成本核算，而且核算的目的只是确定商品的价格和经营盈亏。但随着生产过程的日趋复杂，经营管理对成本会计不断提出新的要求，成本会计的职能范围也不断扩大。现代成本会计已与管理紧密结合，实际上包括成本管理的各个环节，其主要职能包括成本预测、成本决策、成本计划、成本控制、成本核算、成本分析和成本考核等内容。

1. 成本预测

成本预测是成本会计工作的起点，指运用一定的科学方法，对未来成本水平及其变化趋势做出科学的估计。通过成本预测，掌握未来的成本水平及其变动趋势，有助于减少决策的盲目性，使经营管理者易于选择最优方案，做出正确决策，以及对未来的成本水平及其变化趋势做出科学的推测。通过成本预测，掌握未来的成本水平及其变动趋势，有助于减少决策的盲目性，使经营管理者易于选择最优方案，做出正确决策。

2. 成本决策

成本决策是指在成本预测的基础上，按照既定或要求的目标，运用定性与定量的方法，抉择最佳成本方案的过程。成本决策贯穿于整个生产经营过程的全过程，内容广泛，包括合理生产批量的成本决策、零部件自制或外购的成本决策、亏损产品应否停产的成本

决策、自制半成品出售或进一步加工的成本决策等。因此，成本决策对于正确地制订成本计划、降低企业成本、提高经济效益，都具有十分重要的意义。

3. 成本计划

成本计划是根据成本决策所制定的目标成本，具体规定在计划期内为完成生产任务所需支出的成本、费用，确定各种产品的成本水平，并提出为达到目标成本水平所应采用的各种措施。成本计划属于成本的事前管理，是企业生产经营管理的重要组成部分，通过对成本的计划与控制，分析实际成本与计划成本之间的差异，指出有待加强控制和改进的领域，达到评价有关部门的业绩、增产节约、促进企业发展的目的。

4. 成本控制

成本控制是指在生产经营过程中，根据成本计划具体制定原材料、燃料、动力和工时等消耗定额和各项费用定额，对各项实际发生的成本费用进行审核、控制，并及时反馈实际费用与标准之间的差异及其原因，进而促使人们采取相应的措施，以保证成本计划的执行。成本控制的过程是运用系统工程的原理对企业在生产经营过程中发生的各种耗费进行计算、调节和监督的过程，同时也是一个发现薄弱环节、挖掘内部潜力、寻找一切可能降低成本途径的过程。科学地组织实施成本控制，可以促进企业改善经营管理，转变经营机制，全面提高企业素质，使企业在市场竞争的环境下生存、发展和壮大。

5. 成本核算

成本核算是指对生产经营过程中实际发生的成本、费用按照一定的对象和标准进行归集和分配，并采用适当的成本计算方法，计算出该对象的总成本和单位成本。成本核算是对生产经营管理费用的发生和产品成本的形成所进行的核算。进行成本核算时，首先，审核生产经营管理费用，看其是否已发生、是否应当发生、已发生的是否应当计入产品成本，实现对生产经营管理费用和产品成本直接的管理和控制；其次，对已发生的费用按照用途进行分配和归集，计算各种产品的总成本和单位成本，为成本管理提供真实的成本资料。

6. 成本分析

成本分析是根据成本核算所提供的成本数据和其他有关资料，通过与本期计划成本、上年同期实际成本、本企业历史先进成本水平，以及国内外先进企业的成本等进行比较，分析成本水平与构成的变动情况，研究成本变动的因素和原因，挖掘降低成本的潜力。

7. 成本考核

成本考核是指企业将计划成本或目标成本指标进行分解，制定企业内部的成本考核指标，分别下达给内部各责任单位，明确各单位在完成成本指标时的经济责任，并定期对成本计划的执行结果进行评定和考核。

综上所述，在成本会计的各项职能中，成本核算是最基本的职能，它提供企业管理所需的成本信息资料，没有成本核算，成本的预测、决策、计划、控制、分析和考核都无法进行；同时，成本核算也是对成本计划预期目标是否实现的最后检验。因此，没有成本核算就没有成本会计。成本会计的其他职能，正是在成本核算的基础上，随着企业经营管理要求的提高和管理科学的发展，随着成本会计与管理科学的结合，逐步发展形成的。成本预测是成本会计的第一个环节，是成本决策的前提；成本决策既是成本预测的结果，又是制订成本计划的依据，在成本会计中居于中心地位；成本计划是成本决策的具体化；成本控制是对成本计划的实施进行监督，是实现成本决策既定目标的保证；成本分析和成本考核是实现成本决策和成本计划目标的有效手段。成本会计的各项职能是相互联系、互为条件的，并贯穿于企业生产经营活动的全过程。

【问题与思考】

为什么说成本核算是成本会计最基本的职能？产品成本核算目的是什么？

1.3.3　成本会计与财务会计、管理会计的关系

现代会计系统大体可分为财务会计和管理会计两类。财务会计指通过对企业已经完成的资金运动全面系统地核算与监督，为投资者、债权人、政府有关部门及其他企业外部利益相关者提供企业财务状况、经营成果等经济信息为主要目标而进行的经济管理活动。为满足客观性、可验证性及一致性的要求，财务会计必须受制于国家规定的相关准则的要求。而管理会计则主要为企业内部各利益相关者（如企业管理人员等）提供各种相关的管理信息，其主要目的是协助实现组织目标，一般不受限于相关准则的要求。管理会计强调未来，除了提供历史报告外，还提供预算和其他预测信息。

成本会计是财务会计与管理会计的混合物，是计算及提供成本信息的会计方法。成本会计主要处理企业获取和消耗资源的成本及其相关信息，需要向财务会计和管理会计提供必要的数据。财务会计要依据成本会计所提供的有关资料进行资产计价和收益确定，而成本的形成、归集和结转程序也要纳入以复式记账法为基础的财务会计总框架中。因此，成本数据往往被企业外部信息使用者用于对企业管理者业绩的评价，并据此做出投资决策。同样，成本会计所提供的成本数据，往往被企业管理者作为决策的依据或用于对企业内部管理人员的业绩评价。可见，成本会计提供的成本信息既可作为财务会计编制财务报表之用，又可满足企业内部管理人员进行决策或业绩评价的需要。因此，就财务报表的编制而言，成本会计附属于财务会计；但从管理角度来看，成本会计也是管理会计的一个组成部分。进一步来说，财务会计与管理会计，两者都依赖于成本会计系统所提供的信息。成本会计与财务会计、管理会计的关系如图 1.3 所示。

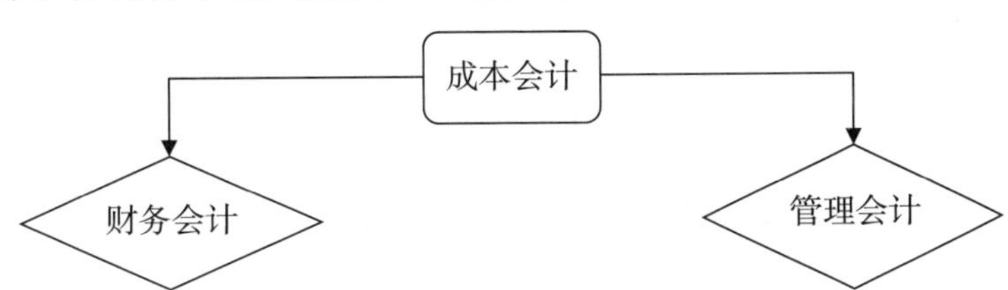

图 1.3　成本会计与财务会计、管理会计的关系

1.4　成本会计工作的开展

1.4.1　成本会计的基础工作

要正确核算产品成本，必须做好成本核算的基础工作，加强相关部门的配合。工业企业成本会计的基础工作主要包括以下几个方面。

1. 建立健全原始记录管理制度

原始记录是企业在生产经营活动发生时，记录经济业务实际发生情况的书面凭证，也是进行成本核算的基础。凡是原材料的领退、工时和动力的耗费、费用的支出等，都必须认真、准确地登记原始记录。原始记录不正确，就不能如实反映生产经营过程中的消耗，成本、费用的计算必然失真，成本、费用的预测、决策、计划、控制、监督、分析就无从

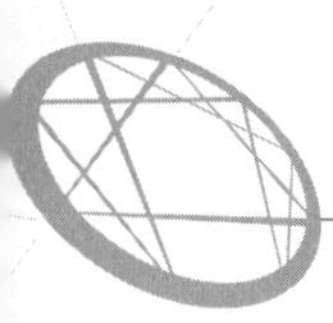

谈起。因此，企业必须认真制定既符合其生产特点和管理要求，又简明适用的原始记录制度，使成本、费用计算做到真实可靠。

2. 建立健全定额管理制度

定额是企业进行生产经营活动中，对人力、物力、财力的配备、利用和消耗，以及获得的成果等方面所应遵循的标准或应达到的水平。先进、合理的定额为及时控制各项材料、工时、动力、费用等消耗提供了依据，也为编制成本、费用计划确定了标准。与成本、费用有关的定额主要有材料消耗定额、费用定额、劳动定额、工时定额，产量定额等。定额的制定既要先进，又要切实可行；同时，随着环境的变化，定额也要随之修订，这样才能有效地发挥作用。

3. 建立健全材料物资的计量、收发、领退和盘点制度

在企业生产经营过程中，对各项财产物资的投入和获得，都必须进行准确的计量和验收。可以说，建立健全材料物资的计量、收发、领退和盘点制度，不仅是正确计算成本的必要条件，而且是加强物资管理、资金管理的有效措施。企业要根据所消耗的各种材料物资的物理性能配备必要的度、量、衡器具，并经常对其进行维修和校正，以保证计量准确。对于材料物资的收发、领退，半成品的内部转移和产成品的入库等，都要认真计量，填制必要的凭证，办理必要的手续。

4. 建立健全内部结算制度

为了分清企业内部各单位的经济责任，简化和加速成本费用的核算工作，对财产物资的内部流转及相互提供劳务等，应制定厂内计划价格，作为内部结算的依据和考核的标准。内部结算价格应尽可能接近实际并相对稳定，年度内一般不作变动。内部结算价格是内部结算制度的主要方面，还包括内部结算方式、内部结算货币等。

1.4.2　成本会计机构

成本会计机构是指企业从事成本会计工作的职能单位，是企业会计机构的组成部分。设置成本会计机构应明确企业内部对成本会计应承担的职责和义务，坚持分工与协作相结合、统一与分散相结合的原则，使成本会计机构的设置与企业规模大小、业务繁简、管理要求相适应。企业内部各级成本会计机构之间的组织分工，有集中工作和分散工作两种方式。

（1）集中工作方式是指成本会计工作中的核算、分析等各方面的工作，主要由厂部成本会计机构集中进行，车间等其他单位中的成本会计机构和人员只负责登记原始记录和填制原始凭证，并对其进行初步的审核、整理和汇总，为厂部进一步的工作提供资料。这种方式的特点是，有利于企业管理者及时掌握企业有关成本的全部信息，便于集中使用计算机进行成本数据处理，还可以减少成本会计机构的层次和成本会计人员的数量。但是，这种工作方式不便于直接从事生产经营活动的各单位和职工及时掌握本单位的成本信息，从而不利于调动他们自我控制成本和费用的积极性。因此，集中工作方式一般适用于小型企业。

（2）分散工作方式也称非集中工作方式，是指成本会计工作中的核算和分析等方面的工作，分散由车间等其他单位的成本会计机构或人员分别进行。厂部成本会计机构负责对各下级成本会计机构或人员进行业务上的指导和监督，并对全厂成本进行综合的核算、分析等工作。分散工作方式的优缺点与集中工作方式正好相反。一般来说，大中型企业由于规模较大、组织结构复杂、会计人员数量较多，为了调动各级部门控制成本费用、提高经济效益的积极性，多采用分散工作方式。

当然，也可以根据企业实际，将两种方式结合起来运用，对某些部门采用集中工作方式，而对另一些部门则采用分散工作方式。

1.4.3 成本会计制度

为了加强企业产品成本核算工作，保证产品成本信息真实、完整，促进企业和经济社会的可持续发展，根据《中华人民共和国会计法》《企业会计准则》等国家有关规定，财政部在2013年8月16日发布了《企业产品成本核算制度（试行）》（以下简称《制度》），自2014年1月1日起实施。

《制度》建立了制造业和非制造业统一适用的产品成本核算体系，并以“制造业”为蓝本，明确其他行业企业应当比照成本制度中类似行业的企业进行产品成本核算。

同步测试题

一、单项选择题

1. 成本会计最基础的职能是（　　）。

A. 成本分析　　B. 成本核算

C. 成本控制　　D. 成本决策

2. 大中型企业的成本会计工作一般采取（　　）。

A. 集中工作方式　　B. 统一领导方式

C. 分散工作方式　　D. 会计岗位责任制

3. 根据成本决策所制定的目标成本，具体规定在计划期内为完成生产任务所需支出的成本、费用，确定各种产品的成本水平，并提出为达到目标成本水平所应采用的各种措施是（　　）。

A. 成本计划　　B. 成本控制

C. 成本决策　　D. 成本分析

二、多项选择题

1. 一般来说，企业应根据本单位（　　）等具体情况与条件来组织成本会计工作。

A. 生产规模的大小　　B. 生产经营业务的特点

C. 成本计算方法　　D. 企业机构的设置

E. 成本管理的要求

2. 成本会计的职能包括（　　）。

A. 成本预测、决策　　B. 成本核算、分析

C. 成本计划　　D. 成本控制

E. 成本考核

3. 成本会计机构内部的组织分工有（　　）。

A. 独立工作方式　　B. 按成本会计的对象分工

C. 集中工作方式　　D. 分散工作方式

E. 统一工作方式

4. 为了正确计算产品成本，应做好的基础工作包括（　　）。

A. 定额的制定与修订

B. 做好原始记录工作

C. 正确填制记账凭证、登记会计账簿

D. 材料物资的计量、收发、领退和盘点

E. 建立健全内部结算制度

第 2 章
成本核算的要求和一般程序

【财务报表中的生产成本】

【学习目标】

（1）了解产品成本核算的原则。

（2）理解费用要素的内容和产品成本的构成项目。

（3）掌握产品成本核算的要求、产品成本核算的一般程序。

【思维导图】

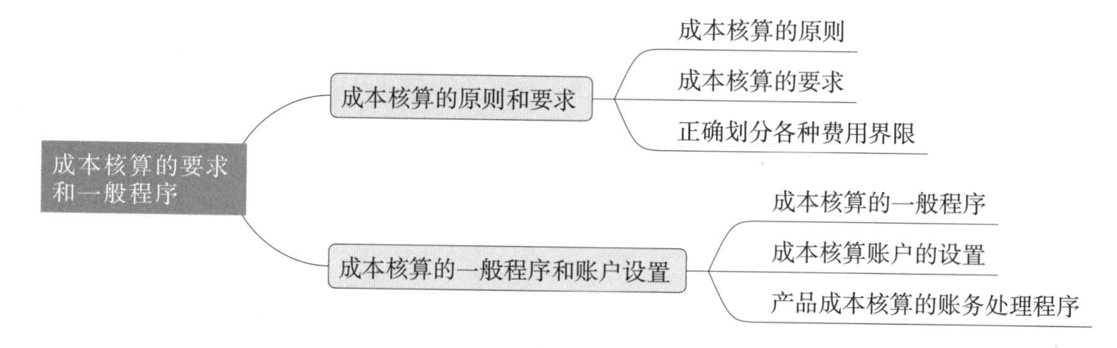

【案例导入】

小佳大学毕业后自主创业开了一家小型面包工厂。20×× 年 8 月，该厂购买机器花费 30000 元（预计能用 5 年）；支付了半年的房租费用 18000 元；购买面粉、油、奶粉等材料支付 1000 元；支付水电费 500 元；计入期间费用的税费 500 元；雇用了两个职工，月工资共计 8000 元；该月总收入 30000 元。小佳计算了一下，该月亏损 28000 元（30000−30000−18000−1000−500−500−8000）。你认为呢？

2.1 成本核算的原则和要求

2.1.1 成本核算的原则

成本核算原则是会计人员在成本核算过程中所应遵循的基本原则，是对企业成本会计工作具有指导和规范作用的成本会计准则。成本会计一般应遵循以下 9 条原则。

1. 合法性原则

合法性原则是指计入成本的费用，都必须符合国家法规和制度等规定，不符合规定的费用就不能计入成本。

2. 可靠性原则

可靠性原则包括真实性和可核实性。真实性是指所提供的成本信息与客观的经济事项相一致；可核实性是指成本核算资料按一定的原则由不同的会计人员加以核算，都能得到相同的结果。真实性和可核实性是为了保证成本核算信息正确可靠。

3. 相关性原则

相关性原则包括成本信息的有用性和及时性。有用性是指成本核算要为管理当局提供有用的信息，为成本管理、预测、决策服务；及时性强调信息取得的时间性，及时进行信息反馈，及时采取措施，及时改进工作。

4. 重要性原则

对于成本有重大影响的项目应作为重点，力求精确；而对于那些不太重要的项目，则可以从简处理。

5. 一致性原则

成本核算所采用的方法，前后各期必须一致，以使各期的成本资料有统一的口径，前后连贯，互相可比。

6. 分期核算原则

企业作为一个持续经营的会计主体，其生产经营活动是连续不断进行的。为了取得一定期间所生产产品的成本资料，必须将生产经营活动按一定阶段（如月、季、年）划分到各个时期，分别计算各期产品的成本。成本核算的分期，必须与会计年度的分月、分季、分年相一致，这样便于利润的计算。

7. 权责发生制原则

应由本期成本负担的费用，无论是否已经支付，都要计入本期成本；不应由本期成本负担的费用，即使在本期支付，也不应计入本期成本。

8. 按实际成本计价原则

生产所耗用的原材料、燃料、动力要按实际耗用数量的实际单位成本计算，完工产品成本的计算要按实际发生的成本计算。

9. “成本—效益”原则

在进行成本核算时，所采用的成本计算步骤、费用分配方法、成本计算方法等，都应根据每家企业的具体情况进行选择。在选择成本计算方法时，应遵循“成本—效益”原则。通过比较提供资料所用的成本与由此获得的效益，来决定究竟要提供哪些成本信息，并对一些次要的成本费用信息，采用简化的成本核算方法进行处理。

2.1.2　成本核算的要求

为了做好成本核算工作，充分发挥成本核算的作用，正确、及时地为有关方面提供有用的成本信息，在成本核算中，除了遵循核算原则外，还应符合以下各项要求。

1. 严格执行国家规定的成本开支范围和费用开支标准

成本开支范围是根据企业在生产过程中的生产费用的不同性质，根据成本的内容及加强经济核算的要求，由国家统一制定。企业进行成本核算，要根据国家有关的法规和制度，以及企业的成本计划和相应的消耗定额，对企业的各项费用进行审核，看应不应该开支；已经开支的，应不应该计入产品成本。例如，企业为生产产品所发生的各项费用应列

入产品成本，企业进行基本建设、购建固定资产及与企业日常生产经营活动无关的营业外支出等费用的支出，不能列入产品成本。

企业严格遵守国家规定的成本开支范围和费用开支标准，既能保证产品成本的真实性，使同类企业及企业本身不同时期之间的产品成本内容一致，从而具有分析对比的可能，又能正确计算企业的利润并进行分配。

2. 对费用进行合理的分类

对费用进行合理的分类是正确计算产品成本的重要条件。制造业企业在生产经营过程中发生的耗费是多种多样的，为了正确地进行成本核算，满足企业成本管理的要求，应对种类繁多的费用按照一定的标准进行分类。

（1）费用按经济内容分类。

为了具体反映企业各种费用的构成和水平，可将费用划分为以下费用要素。

① 外购材料。外购材料是指企业为进行生产经营而耗用的一切从外单位购入的原料，以及主要材料、辅助材料、半成品、修理用备件、包装物和低值易耗品等。

② 外购燃料。外购燃料是指企业为进行生产经营而耗用的一切从外单位购入的液体燃料、气体燃料和固体燃料。

③ 外购动力。外购动力是指企业为进行生产经营而耗用的一切从外单位购入的各种动力，如供电公司提供的电力、热力公司提供的热力等。

④ 职工薪酬。职工薪酬是指企业为进行生产经营而发生的各种职工薪酬。

⑤ 折旧费与摊销费。折旧费与摊销费是指企业按照规定方法计提的固定资产折旧费用，以及无形资产、递延资产的摊销费用。

⑥ 利息支出。利息支出是指企业按规定计入生产费用的借款利息支出减去利息收入后的净额。

⑦ 其他支出。其他支出是指不属于以上各要素的费用支出，如差旅费、办公费、邮电费、租赁费、保险费及诉讼费等。

（2）费用按经济用途分类。

工业企业的费用，按其经济用途可分为计入产品成本的生产费用和直接计入当期损益的期间费用两类。为具体反映计入产品成本的生产费用的各种用途，提供产品成本构成情况的资料，计入产品成本的生产费用按其用途不同，还可进一步划分为若干项目，即产品生产成本项目（简称“成本项目”）。工业企业一般应设置以下成本项目。

① 直接材料。直接材料是指直接用于产品生产并构成产品实体的原料、主要材料、有助于产品形成的辅助材料等。

② 燃料及动力。燃料及动力是指直接用于产品生产的各种自制和外购的燃料和动力费用。

③ 直接人工。直接人工是指直接从事产品生产的工人的职工薪酬。

④ 制造费用。制造费用是指企业为生产产品或提供劳务而发生的，应计入产品或劳务成本但没有专设成本项目的各项生产费用。

企业可根据生产特点和管理要求对上述成本项目进行适当调整。对于管理上需要单独反映、控制和考核的费用，以及产品成本中比重较大的费用，如废品损失、停工损失等，应专设成本项目；否则，为了简化核算，不必专设成本项目。

2.1.3 正确划分各种费用界限

为了正确计算产品成本与期间费用，保证成本与费用核算的合法性和合理性，必须正确划分以下5个方面的费用界限。

（1）正确划分收益性支出和资本性支出的界限。
（2）正确划分生产费用、期间费用和营业外支出的界限。
（3）正确划分各期成本的界限。
（4）正确划分各种产品的成本界限。
（5）正确划分本月完工产品和月末在产品的界限。

划分费用界限的过程，也是成本、费用的核算过程，费用划分得正确与否，是保证成本、费用正确核算的关键，直接影响产品成本计算的准确性；同时，也是检查和评价成本、费用核算工作是否正确合理的重要标准。企业费用界限的划分如图 2.1 所示。

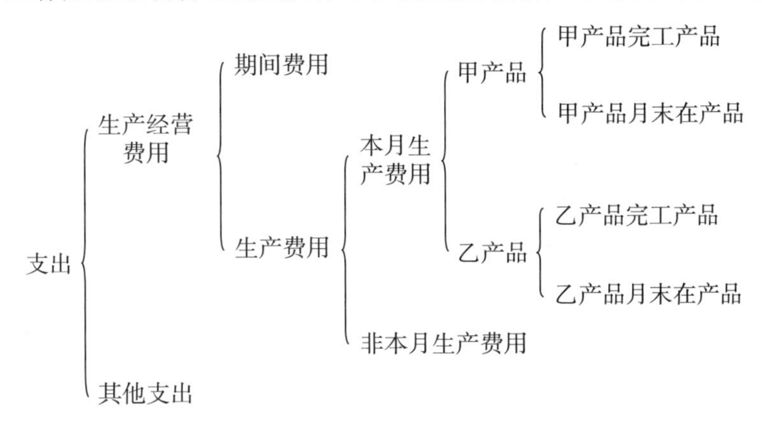

图 2.1　企业费用界限的划分

【问题与思考】

某企业 5 月份有关资料如下：

（1）期初库存原材料 10 万元，本期购进 30 万元，期末结存材料 15 万元，本期领用的原材料全部用于生产产品。

（2）职工薪酬总额为 18 万元，其中生产工人薪酬 10 万元，车间管理人员薪酬 2 万元，厂部管理人员薪酬 4 万元，销售人员薪酬 2 万元。

（3）当月购入固定资产 1 台，价值 8 万元（不含税）。

（4）厂部办公楼折旧 4 万元，生产设备折旧 1 万元。

（5）支付贷款利息 8000 元。

（6）支付税收滞纳金 5000 元。

请问该企业 5 月份生产费用和期间费用分别是多少？

2.2　成本核算的一般程序和账户设置

2.2.1　成本核算的一般程序

成本核算的一般程序是指对企业在生产经营过程中发生的各项生产费用和期间费用，按照成本核算的要求，逐步进行归集和分配，最后计算出各种产品的生产成本和各项期间费用的基本过程。成本流程就是对生产过程中发生的各项要素费用，按经济用途归类计入产品成本的过程。根据前述的成本核算要求和生产费用、期间费用的分类，可将成本核算的一般程序归纳如下。

1. 按成本计算对象及成本项目开设产品成本明细账，按照期间费用的种类和费用项目开设期间费用明细账

产品成本和期间费用的核算，是通过对企业生产经营过程中所发生的各种劳动耗费的明细核算来完成的。因此，必须按照成本计算对象和成本项目设置各种产品成本明细账，按照期间费用的种类和费用项目设置各种期间费用明细账。

成本计算对象就是生产费用归集的具体对象，即费用的承担者，通俗来讲，就是计算“谁”的成本。企业进行成本核算，不仅要提供成本核算对象的总成本和单位成本，以及各种期间费用的总体发生情况，而且要按照成本项目、费用项目反映其发生的具体情况，以满足成本管理的需要。

2. 根据成本开支范围规定审核生产费用支出

根据成本开支范围规定，对各项费用支出进行严格审核，确定应计入产品成本的生产费用和不应计入产品成本的期间费用。

3. 分配各项生产要素费用

成本会计需要编制各类要素费用分配表，对发生的生产要素费用进行汇总、分配。例如，对生产中产品所耗的材料，可以根据领料凭证等编制“材料费用分配表”；对发生的人工费用，可根据产量通知单等编制“职工薪酬分配表”。最后，根据各类要素分配表，将生产要素费用分配至各成本、费用明细科目。属于能确认由某一成本计算对象直接耗用的费用，如直接材料、直接人工等，应直接计入“生产成本——基本生产成本”各明细账户；属于不能确认是由某一成本计算对象直接耗用的，则应按其发生的地点或用途进行归集分配，分别计入“制造费用”“生产成本——辅助生产成本”和“废品损失”等账户。

4. 分配辅助生产费用

归集在“辅助生产成本”账户的费用，除对完工入库的自制工具等产品的成本转为存货成本外，应根据受益对象所耗用的劳务数量，编制“辅助生产费用分配表”，分配至“基本生产成本”“制造费用”“管理费用”等账户。

5. 分配制造费用

各基本生产车间的制造费用归集后，应区别不同车间，于月终编制“制造费用分配表”，分配计入本车间的产品成本中，即计入“基本生产成本”各明细账户。

6. 完工产品成本的确定和结转

经过以上费用分配，各成本计算对象应负担的生产费用已全部计入有关的产品成本明细账。如果当月产品全部完工，所归集的生产费用即为完工产品成本；如果全部未完工，所归集的生产费用均为期末在产品成本；如果只有部分完工，则需要采用一定的方法将生产费用在完工产品与期末在产品之间进行分配，以确定本期完工产品成本，并将完工验收入库的产成品成本从“基本生产成本”账户及其明细账户结转至“库存商品”账户及有关明细账户。

【问题与思考】

对于月末既有完工产品又有在产品的产品，是否需要将该种产品的生产费用（月初在产品生产费用与本月生产费用之和），在完工产品与月末在产品之间进行分配？

2.2.2 成本核算账户的设置

为了将生产费用计入各成本计算对象，计算出各成本计算对象的成本，要设置“生产成本”一级账户。为了分别核算基本生产成本和辅助生产成本，还应在一级账户下，分别设置“基本生产成本”和“辅助生产成本”两个二级账户。为了简化会计核算手续，企业根据需要，也可以将“生产成本”账户分设为“基本生产成本”和“辅助生产成本”两个一级账户。本书是按分设两个一级账户“基本生产成本”和“辅助生产成本”进行阐述的。

【算“谁”的成本——成本核算对象的确定与账户设置】

1.“基本生产成本”总账账户及其明细账的设立

基本生产是指企业为完成其主要生产目的而进行的产品生产。“基本生产成本”总账账户是为了归集基本生产过程中所发生的各项生产费用和计算基本生产产品成本而设立的。“基本生产成本”借方登记为进行基本生产所发生的各项费用，贷方登记为完工入库的产品成本，余额为月末在产品成本。该账户应按产品品种等成本计算对象分设产品成本明细账（或成本计算单），账内按成本项目分设专栏，用来登记各产品的月初在产品成本、本月生产费用、本月完工产品成本和月末在产品成本。其格式见表 2–1、表 2–2。

表 2–1　基本生产成本明细账（一）

车间名称：一车间　　　　产品名称：甲产品　　　　金额单位：元

月	日	摘要	产量 / 件	成本项目			成本合计
				直接材料	直接人工	制造费用	
5	1	月初在产品成本		38000	5000	6000	49000
5	31	本月生产费用		92000	11000	14000	117000
5	31	生产费用累计		130000	16000	20000	166000
5	31	本月完工产品总成本		77000	8500	11400	96900
5	31	完工产品单位成本	500	154	17	22.8	193.8
5	31	月末在产品成本		53000	7500	8600	69100

表 2–2　基本生产成本明细账（二）

车间名称：一车间　　产品名称：甲产品　　20×× 年 5 月　　产量：500 件　　金额单位：元

成本项目	月初在产品成本	本月生产费用	生产费用累计	本月完工产品成本		月末在产品成本
				总成本	单位成本	
直接材料	38000	92000	130000	77000	154	53000
直接人工	5000	11000	16000	8500	17	7500
制造费用	6000	14000	20000	11400	22.8	8600
合计	49000	117000	166000	96900	193.8	69100

上述基本生产成本明细账中虽然没有标注借方、贷方和余额，但其基本结构不外乎这几个部分：月初在产品成本（系上月所计，为月初借方余额）、本月生产费用（为本月借方发生额，根据本月各种费用分配表登记）、本月完工产品成本（为贷方发生额）、月末在产品成本（为月末借方余额）。

2.“辅助生产成本”总账账户及其明细账的设立

辅助生产指主要为基本生产车间、企业行政管理部门等单位服务而进行的产品生产和

劳务供应，如工具、模具、修理用备件等产品的生产和修理、运输、供电、供水等劳务的供应。辅助生产提供的产品生产和劳务供应有时也对外销售和服务，但这不是它的主要目的。为了归集辅助生产部门所发生的辅助生产费用，应设置“辅助生产成本”或“生产成本——辅助生产成本”科目，按辅助生产车间及其生产的产品、劳务的种类进行明细核算。

3.“制造费用”总账账户及其明细账的设立

制造费用是指制造业企业为生产产品（或提供劳务）而发生的，应计入产品成本但没有专设成本项目的各项间接生产费用。本账户核算企业生产车间（部门）为生产产品和提供劳务而发生的各项间接生产费用，以及虽直接用于产品生产但管理上不要求或不便于单独核算的生产费用。企业可按不同的生产车间、部门和费用项目进行明细核算。期末，将共同负担的制造费用按照一定的标准分配计入各成本计算对象，除季节性生产外，本账户期末应无余额。

2.2.3 产品成本核算的账务处理程序

成本核算的账务处理程序，实质上表现为整个产品成本形成过程的会计核算步骤，内容非常广泛，因此，将在讲述成本核算时具体阐述。在讲述成本核算之前，我们应对成本核算的一般程序先有一个大体的了解，图2.2所示为产品成本核算的账务处理程序。

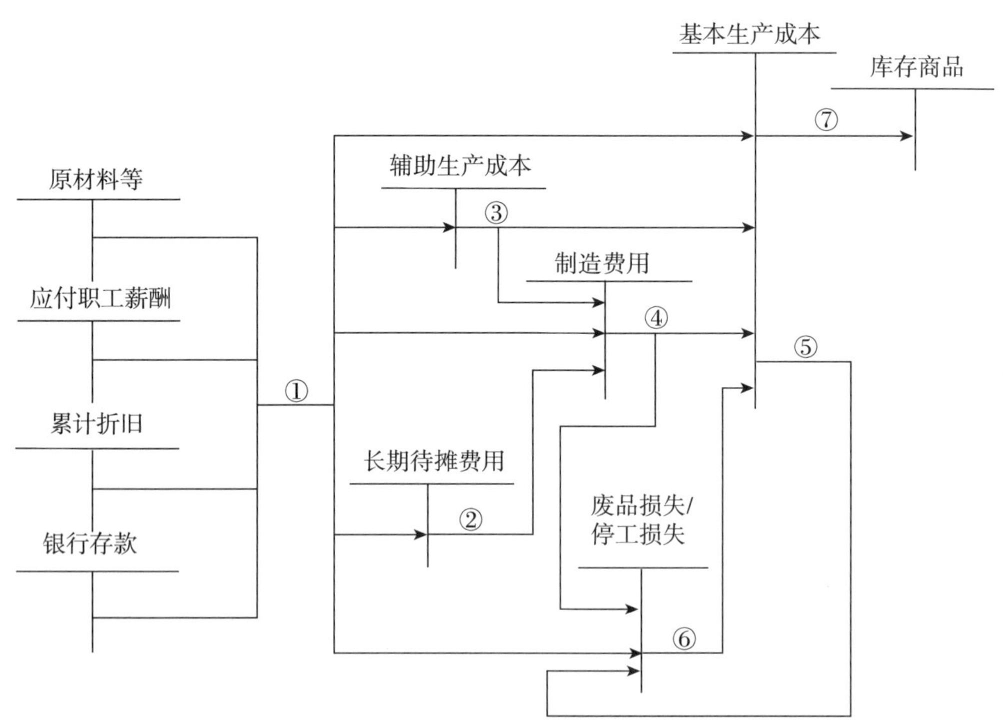

说明：①各项要素费用的分配；②摊销长期待摊费用及其他跨期生产费用；③分配辅助生产费用；④分配制造费用；⑤结转不可修复废品成本；⑥分配废品损失和停工损失；⑦结转完工产品成本

图2.2　产品成本核算的账务处理程序

同步测试题

一、单项选择题

1. 下列各项中，属于产品生产成本项目的是(　　)。
A. 外购动力费用　　B. 直接材料
C. 工资费用　　D. 折旧费用
2. 下列各项中，不计入产品成本费用的是(　　)。
A. 直接材料费用　　B. 辅助车间管理人员工资
C. 车间厂房折旧费　　D. 厂部办公楼折旧费
3. 制造费用应分配计入(　　)账户。
A. “基本生产成本”和“辅助生产成本”　　B. “基本生产成本”和“期间费用”
C. “生产成本”和“管理费用”　　D. “财务费用”和“管理费用”
4. 正确计算产品成本，应该做好的基础工作是(　　)。
A. 正确划分各种费用界限　　B. 确定成本计算对象
C. 建立和健全原始记录工作　　D. 各种费用的分配
5. 下列各项中，不应计入产品成本的是(　　)。
A. 直接材料成本　　B. 直接人工成本
C. 生产车间管理人员的工资　　D. 与销售机构相关的固定资产修理费用

二、多项选择题

1. 管理费用属于(　　)。
A. 应计入生产经营管理费用的费用
B. 生产费用
C. 不计入产品成本的费用
D. 与产品的生产没有直接关系，但与发生的期间配比，直接扣减当期收益的费用
2. 下列各项中，属于制造企业设置的成本项目有(　　)。
A. 制造费用　　B. 燃料及动力
C. 直接人工　　D. 直接材料
3. 下列属于按经济用途分类的费用项目有(　　)。
A. 制造费用　　B. 固定费用
C. 直接材料　　D. 间接费用

三、判断题

1. “辅助生产成本”科目期末应无余额。　(　　)
2. 直接生产费用既可能是直接计入费用，也可能是间接计入费用。　(　　)
3. “基本生产成本”科目应该按成本计算对象设置明细分类账，账内按成本项目分设专栏。　(　　)
4. 为了正确计算产品成本，应该也可能绝对正确地划分完工产品与月末在产品的费用界限。　(　　)

第3章 要素的归集和分配

【学习目标】

（1）了解各费用要素归集和分配的关系。
（2）理解有关费用各种分配方法的优缺点和适用范围。
（3）掌握各要素的分配方法和费用分配表的编制方法。

【思维导图】

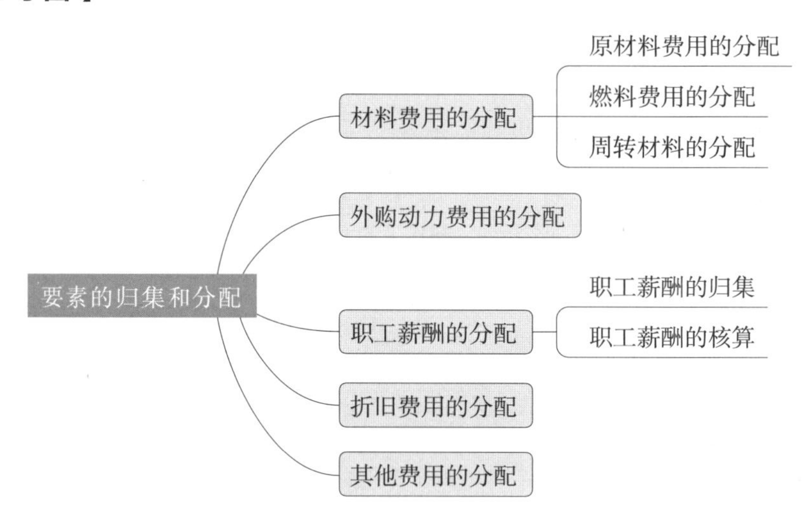

【案例导入】

华辰公司是一家以加工木材为主的制造业企业，只有一个生产车间，主要生产木质的门和窗。因为公司较小，所以分工不细，车间在领木材时基本上不区分是用于门还是用于窗的生产，生产工人也经常相互替换作业。如果你是这家公司的会计人员，你将如何分配门和窗这两种产品所耗用的材料费和人工费？材料费和人工费在分配时能否采用相同的分配标准？

3.1 材料费用的分配

【把“筐”装满——生产费用的归集】

材料费用包括企业生产经营过程中耗费的原料及主要材料、辅助材料、半成品、低值易耗品、包装物、修理用备件等。企业在生产活动中耗用的材料费用，应根据领退料凭证，按照材料的用途归集和分配。凡属产品生产直接耗用的材料费用应尽可能直接计入有关产品的成本，即“基本生产成本”各明细账户的“直接材料”成本项目；凡是几种产品共同耗用的材料费用，在领用时无法确定每种产品的耗用量，则需要按照一定的标准在各种成本核算对象之间进行分配，再分别计入各明细账户的“直接材料”成本项目；对于生产车间中用于维护生产设备和管理生产的各种材料，如机物料等，属于间接生产费用，应按照发生地点归集，计入制造费用；对于不应计入产品成本而属于期间费用的材料费用，应计入“管理费用”“销售费用”账户；对于用于购建固定资产、其他资产的材料费用，应计入有关的资产价值，不得列入产品成本或期间费用。

3.1.1　原材料费用的分配

原材料费用分配的关键是选择分配标准，一般可以按照产品的重量、体积、产量等分配，在材料消耗定额比较准确的情况下，原材料费用可以按照产品的材料定额耗用量比例或材料定额费用比例分配。

1. 材料定额耗用量比例法

计算分配步骤如下：

第一步，计算各种产品原材料定额消耗量。

第二步，计算原材料消耗量分配率。

第三步，计算出各种产品应分配的原材料实际消耗量。

第四步，计算出各种产品应分配的原材料实际费用。

具体计算公式如下：

某种产品原材料定额消耗量 = 该种产品实际产量 × 单位产品原材料定额消耗量

原材料消耗量分配率 = 原材料实际消耗总量 ÷ 各种产品原材料定额消耗量之和

某种产品应分配的原材料实际消耗量 = 该种产品的原材料定额消耗量 × 原材料消耗量分配率

某种产品应分配的实际原材料费用 = 该种产品应分配的原材料实际消耗量 × 材料单价

【例3-1】某企业生产甲、乙两种产品，共同耗用某种原材料，耗用量无法按产品划分。单件产品原材料消耗定额：甲产品30千克，乙产品24千克。产量：甲产品200件，乙产品100件。甲、乙两种产品领用原材料共计21000千克，每千克10元。要求：按原材料定额消耗量比例分配计算甲、乙产品的原材料费用。

甲产品原材料定额消耗量 =30×200=6000（千克）

乙产品原材料定额消耗量 =24×100=2400（千克）

原材料耗用量分配率 =21000÷（6000+2400）=2.5

甲产品应分配的原材料数量 =2.5×6000=15000（千克）

乙产品应分配的原材料数量 =2.5×2400=6000（千克）

甲产品应分配的材料费用 =15000×10=150000（元）

乙产品应分配的材料费用 =6000×10=60000（元）

2. 材料定额费用比例法

计算分配步骤如下：

第一步，计算各种产品原材料定额费用。

第二步，计算原材料费用分配率。

第三步，计算出各种产品应分配的原材料实际费用。

具体计算公式如下：

某种产品原材料定额费用 = 该种产品实际产量 × 单位产品原材料费用定额

原材料费用分配率 = 各种产品原材料实际费用总额 ÷ 各种产品原材料定额费用总额

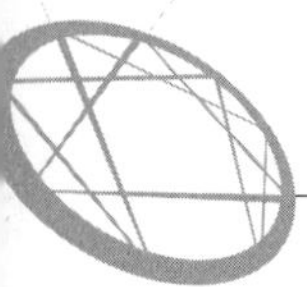

某种产品应分配的实际原材料费用 = 该种产品原材料定额费用 × 原材料费用分配率

3. 材料费用分配的实务处理

在实际工作中，材料费用的分配一般是通过“材料费用分配表”进行的，该分配表应该根据领退料凭证和有关资料编制。如果材料按计划成本核算，还应分配材料成本差异。

【例3-2】绿源食品有限公司20×× 年8月份发料情况见表3-1。

表3-1 发出材料明细表

20×× 年8月

材料类型	发料数量	单位成本/元	用途
原材料A	200千克	600	甲产品生产用
原材料B	126千克	1000	甲、乙两种产品共用
原材料C	120千克	60	锅炉车间领用100千克，机修车间领用20千克
原材料D	20千克	60	基本生产车间用
原材料E	10千克	60	管理部门用
原材料F	200千克	40	基本生产车间用
原材料G	50千克	6	基本生产车间用

该企业投产甲产品140件、乙产品140件，单位产品原材料B的消耗定额分别为2.5千克、3.5千克，据此编制“原材料费用分配表”，见表3-2。

表3-2 原材料费用分配表

20×× 年8月　　金额单位：元

应借账户		成本或费用项目	间接计入			直接计入	合计
			定额材料费用	分配率	分配额		
基本生产成本	甲产品	直接材料	350		52500	120000	172500
	乙产品	直接材料	490		73500		73500
	小计		840	150	126000		246000
辅助生产成本	锅炉车间	材料费				6000	6000
	机修车间	材料费				1200	1200
	小计					7200	7200
制造费用	基本生产车间	物料消耗				9500	9500
管理费用		物料消耗				600	600
合计					126000	137300	263300

根据“原材料费用分配表”编制会计分录，据以登记有关的总账和明细账。

借：基本生产成本——甲产品　　172500

　　　　　　　——乙产品　　73500

　　辅助生产成本——锅炉车间　　6000

　　　　　　　——机修车间　　1200

制造费用——基本生产车间　　9500
管理费用——物料消耗　　600
贷：原材料　　263300

3.1.2 燃料费用的分配

燃料也属于材料，可以设置“原材料——燃料”二级明细科目进行核算；假如企业在生产产品的过程中消耗的燃料数量较多，也可以单独设置“燃料”总账科目进行核算。同时，在基本生产成本各明细账中单独设置“燃料及动力”成本项目，用以归集和分配所发生的燃料费用。

和材料费用一样，燃料费用也是按用途进行分配的，直接用于产品生产的燃料费用计入各种产品成本明细账的“燃料及动力”成本项目。假如只是生产一种产品发生的燃料费用，可直接计入该产品成本明细账的“燃料及动力”成本项目；假如是生产几种产品共同发生的燃料费用，可分配计入各种产品成本明细账的“燃料及动力”成本项目。

间接计入的燃料费用在各种产品之间的分配可以采用燃料定额耗用量分配法、燃料定额费用分配法、重量分配法、实际产量分配法、产品体积分配法等。

【例 3-3】绿源食品有限公司 20×× 年 8 月份生产的甲、乙两种产品本月共发生燃料费用 40000 元，共生产甲产品 2000 件、乙产品 6000 件，甲产品燃料费用定额为 8 元 / 件，乙产品燃料费用定额为 4 元 / 件。

按燃料定额费用分配计算甲、乙产品应负担的燃料费用如下：

燃料费用分配率 $=40000\div(2000\times8+6000\times4)=1$

甲产品应分摊的燃料费用 $=2000\times8\times1=16000$（元）

乙产品应分摊的燃料费用 $=6000\times4\times1=24000$（元）

另外，辅助生产车间耗用燃料 3800 元，其中锅炉车间耗用 2800 元，机修车间耗用 1000 元，则编制的“燃料费用分配表”见表 3-3。

表 3-3　燃料费用分配表

20×× 年 8 月　　　　金额单位：元

应借账户		成本或费用项目	间接计入			直接计入	合计
			耗用材料	分配率	分配额		
基本生产成本	甲产品	燃料及动力	16000		16000		16000
	乙产品	燃料及动力	24000		24000		24000
	小计		40000	1	40000		40000
辅助生产成本	锅炉车间	燃料				2800	2800
	机修车间	燃料				1000	1000
	小计					3800	3800
合计					40000	3800	43800

根据材料费用分配表编制会计分录，据以登记有关的总账和明细账。

借：基本生产成本——甲产品　　16000
　　　　　　　　——乙产品　　24000
　　辅助生产成本——锅炉车间　　2800
　　　　　　　　——机修车间　　1000
　贷：燃料　　43800

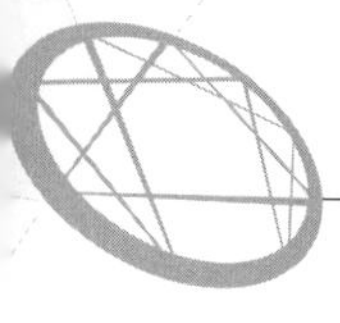

3.1.3 周转材料的分配

周转材料是指企业能够多次使用，不符合固定资产定义，逐渐转移其价值但仍保持原有形态的材料物品。企业的周转材料包括包装物和低值易耗品等。包装物是指为包装产品而储备的各种包装容器，如桶、箱、瓶、坛、袋等。包装物费用需区别不同使用方式后进行分配：生产领用包装物，应计入“基本生产成本”；随同产品出售的，不单独计价的包装物计入“销售费用”账户，单独计价的包装物则计入“其他业务成本”账户。低值易耗品是指不作为固定资产核算的各种用具物品，如工具、替换设备、管理用具、劳保用品和其他用具等。低值易耗品在使用过程中价值会逐渐减少，减少的价值应根据其预计的使用期采用摊销的方法计入有关成本费用账户，如一次摊销法、五五摊销法等。

【问题与思考】

某企业采用五五摊销法对低值易耗品进行核算，5月份领用一批账面价值40000元的低值易耗品用于生产A产品。同时，车间报废一批价值3000元的工具，残料回收入库，价值50元。请编制相关的会计分录。

3.2 外购动力费用的分配

外购动力费用是指企业在生产经营、管理过程中耗用的从外部购进的各种动力，本企业自产的动力不包括在内。

【生产费用之外购动力费用的分配】

外购动力费用应按用途和使用部门分配，在有仪表记录的情况下，应根据仪表所示耗用动力的数量及动力的单价计算；在没有仪表记录的情况下，可按生产工时比例、机器工时比例、定额耗用量比例或其他比例分配。

外购动力费用分配时，可编制“动力费用分配表”进行核算。直接用于产品生产的动力费用，计入“基本生产成本”科目及其所属产品成本明细账的“燃料和动力”成本项目；属于照明、取暖等用途的动力费用，则按其使用部门分别计入“制造费用”“管理费用”等科目。

【例3-4】绿源食品有限公司20××年8月份耗用外购电力费用共72500度，每度电1.2元。其中，基本生产车间生产甲、乙产品共耗电40000度，锅炉车间耗电20000度，机修车间耗电10000度，基本生产车间照明用电1000度，管理部门用电1500度。该公司对产品生产用电按机器功率时数在两种产品间进行分配，甲、乙两种产品的机器功率时数分别为7000小时和3000小时。根据上述资料编制“外购动力费用分配表”，见表3-4。

表3-4 外购动力费用分配表

20××年8月　　　　金额单位：元

应借账户		成本或费用项目	耗用电量分配			每度电费	合计
			机器功率时数/小时	分配率	分配量/度		
基本生产成本	甲产品	燃料及动力	7000		28000		33600
	乙产品	燃料及动力	3000		12000		14400
	小计		10000	4	40000		48000

续表

应借账户		成本或费用项目	耗用电量分配			每度电费	合计
			机器功率时数 / 小时	分配率	分配量 / 度		
辅助生产成本	锅炉车间	动力费			20000		24000
	机修车间	动力费			10000		12000
	小计				30000		36000
制造费用	基本生产车间	水电费			1000		1200
管理费用		水电费			1500		1800
合计					72500	1.2	87000

根据“外购动力费用分配表”编制会计分录，据以登记有关的总账和明细账。

借：基本生产成本——甲产品　　33600
　　　　　　　　——乙产品　　14400
　　辅助生产成本——锅炉车间　　24000
　　　　　　　　——机修车间　　12000
　　制造费用——基本生产车间　　1200
　　管理费用　　1800
　　贷：应付账款——××电力公司　　87000

3.3 职工薪酬的分配

职工薪酬是企业在生产产品或提供劳务活动过程中所发生的各种直接和间接人工费用的总和。对于职工薪酬的分配，实务中通常有两种处理方法：一是按本月应付金额分配本月职工薪酬费用，该方法适用于月份之间职工薪酬差别较大的情况；二是按本月支付职工薪酬金额分配本月职工薪酬费用，该方法适用于月份之间职工薪酬差别不大的情况。本书采用第一种方法举例说明。

【生产费用之人工费用的核算】

3.3.1 职工薪酬的归集

职工薪酬的归集，必须以一定的原始记录作为依据：计时工资，以考勤记录中的工作时间记录为依据；计件工资，以产量记录中的产品数量和质量记录为依据；计时工资和计件工资以外的各种奖金、津贴、补贴等，按照国家和企业的有关规定计算。

企业将应付给职工的薪酬，按照职工的工作岗位，分配给有关的受益对象。其中，从事产品生产的工人薪酬，计入相关成本核算对象的生产成本；车间管理人员的薪酬，先计入“制造费用”科目，月末再分配计入该车间生产产品的成本；企业行政管理人员的薪酬，计入“管理费用”科目；从事辅助生产的工人薪酬，计入“辅助生产成本”科目；工程建设人员的薪酬，计入“在建工程”科目等。

3.3.2 职工薪酬的核算

1. 计时工资形式下的工资分配

在计时工资形式下，如果车间只生产一种产品，则生产该产品的工人工资可直接计入该产品成本；如果车间生产多种产品，则生产工人工资应按一定的分配标准分配计入各种

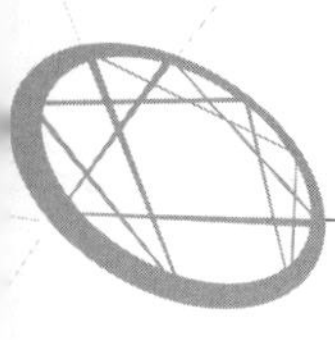

产品成本。通常采用生产工时（实际或定额）作为分配标准。

【例3-5】绿源食品有限公司20××年8月份为生产甲、乙两种产品应付生产工人工资250000元，锅炉车间生产工人工资9770元，机修车间生产工人工资5627元，基本生产车间管理人员工资62000元，企业行政管理部门人员工资104000元。该公司对生产工人工资按照甲、乙两种产品的生产工时比例进行分配，甲、乙两种产品的生产工时分别为3200小时和1800小时。根据上述资料编制“工资费用分配表”，见表3-5。

表3-5　工资费用分配表

20××年8月　　金额单位：元

应借账户		成本或费用项目	间接计入			直接计入	合计
			生产工时/小时	分配率	分配额		
基本生产成本	甲产品	直接人工	3200		160000		160000
	乙产品	直接人工	1800		90000		90000
	小计		5000	50	250000		250000
辅助生产成本	锅炉车间	人工费				9770	9770
	机修车间	人工费				5627	5627
	小计					15397	15397
制造费用	基本生产车间	人工费				62000	62000
管理费用		人工费				104000	104000
合计					250000	181397	431397

根据“工资费用分配表”编制会计分录，据以登记有关的总账和明细账。

借：基本生产成本——甲产品　　160000
　　　　　　　　——乙产品　　90000
　　辅助生产成本——锅炉车间　　9770
　　　　　　　　——机修车间　　5627
　　制造费用　　62000
　　管理费用　　104000
　　贷：应付职工薪酬——工资　　431397

2. 计件工资形式下的工资分配

在计件工资形式下，生产工人的计件工资可直接计入产品成本，而其他工资项目也要按上述办法分配计入各种产品成本。

3. 其他职工薪酬的分配

对于具有明确计提标准的其他职工薪酬，企业应当按照规定的计提标准，计量企业承担的职工薪酬义务和计入成本费用的职工薪酬，如医疗保险费、养老保险费、失业保险费、工伤保险费、住房公积金、工会经费和职工教育经费等。

3.4　折旧费用的分配

固定资产虽然在长期使用过程中保持实物形态不变，但其价值随着固定资产的损耗而逐渐减少，这部分由于损耗而减少的价值应该以折旧费用的形式计入产品成本或期间费用。折旧费用按其经济用途和使用地点计入相关成本费用。例如，基本生产车间所使用的固定资产折旧费用，应计入“制造费用”各明细账中的折旧费项目；辅助生产车间（如未设置“制造费用”账户）所使用的固定资产折旧费用，应计入“辅助生产成本”各明细账中的折旧费项目；企业行政管理部门所使用的固定资产折旧费，应计入“管理费用”中的折旧费项目；销售部门所使用的固定资产折旧费，应计入“销售费用”中的折旧费项目；各部门折旧费用的分配，通常是采用折旧费用分配表的形式进行的。

【例 3-6】绿源食品有限公司 20×× 年 8 月份固定资产折旧费用有关资料及各有关部门分配的折旧费用见表 3-6。

表 3-6　固定资产折旧费用分配表

20×× 年 8 月　　　　金额单位：元

应借账户	部门	上月计提折旧额	上月增加折旧额	上月减少折旧额	本月折旧额
制造费用	基本生产车间	80000	20000	12000	88000
辅助生产成本	锅炉车间	1850	160	110	1900
	机修车间	2475	100	500	2075
	小计	4325	260	610	3975
管理费用	行政管理部门	2800	340	140	3000
合计		87125	20600	12750	94975

据此编制会计分录。

借：制造费用——基本生产车间　　88000
　　辅助生产成本——锅炉车间　　1900
　　　　　　　　——机修车间　　2075
　　管理费用　　3000
　　贷：累计折旧　　　　94975

3.5 其他费用的分配

广义的其他费用是指除了本章前述各成本费用以外的要素费用，具体包括邮电费、租赁费、印刷费、图书报纸杂志资料费、办公费、试验检验费、保险费等。这些费用有的是产品成本的组成部分，有的则应计入期间费用等，即使是应计入产品成本的，也没有专门设置相应的成本项目。因此，在发生这些费用时，应根据有关的付款凭证等，分别计入“制造费用”“辅助生产成本”“管理费用”“财务费用”“销售费用”等科目。

【例 3-7】绿源食品有限公司 20×× 年 8 月份以银行存款支付有关费用：基本生产车间办公费 860 元、保险费 6442 元，锅炉车间劳保费 3830 元，机修车间劳保费 2498 元，行政管理部门办公费 3640 元、保险费 8127 元，与上述各项费用相关的可抵扣增值税进项税额为 3301.61 元。据此编制会计分录。

借：制造费用——基本生产车间　　7302
　　辅助生产成本——锅炉车间　　3830
　　　　　　　　——机修车间　　2498

管理费用　　　　　　　　　　　　　　11767

应交税费——应交增值税（进项税额）　3301.61

贷：银行存款　　　　　　　　　　　　　　　28698.61

同步测试题

一、单项选择题

1. 能直接计入“基本生产成本”账户的材料费用是（　　）。

A. 生产产品领用的外购材料　　B. 生产车间管理领用的材料

C. 辅助生产领用的材料　　D. 行政管理部门领用的材料

2. 产量工时记录是统计产量和工时及计算（　　）的原始依据。

A. 计时工资　　B. 应付工资

C. 加点工资　　D. 计件工资

3. 几种产品共同耗用的原材料费用，可以采用的分配方法是（　　）。

A. 计划成本分配法　　B. 材料定额费用比例分配法

C. 工时比例分配法　　D. 代数分配法

二、多项选择题

1. 计入产品成本的材料成本包括生产过程中耗用的（　　）。

A. 原料及主要材料　　B. 外购半成品

C. 辅助材料　　D. 低值易耗品

E. 包装物

2. 最终应计入产品成本的各种材料费用，按照其用途，应计入（　　）账户的借方。

A. “管理费用”　　B. “制造费用”

C. “生产成本”　　D. “销售费用”

3. 最终应计入产品成本的职工薪酬费用包括（　　）。

A. 生产工人的工资　　B. 生产部门管理人员的工资

C. 企业计提的生产工人工会经费　　D. 由企业承担的生产工人住房公积金

4. 下列固定资产中应提折旧的有（　　）。

A. 未使用的建筑物　　B. 已提前折旧的固定资产

C. 当月减少的固定资产　　D. 提前报废的固定资产

三、判断题

1. 车间领用的材料在产品完工时，如有余料，应填制退料凭证及时退回仓库。对于下月需要继续耗用的材料，为了简化领料、退料手续，可以办理“假退料”手续。（　　）

2. 月末，企业分配外购动力费用时，可以通过“应付账款”科目核算。（　　）

3. 多种产品共同耗用的原材料费用，可以按“材料定额耗用量比例”与“材料定额费用比例”分配，由于分配率不同，其分配结果也不相同。（　　）

四、实训题

1. 某企业生产甲、乙两种产品，本月两种产品共领用主要材料12375千克，单价30元，共计371250元。本月投产甲产品850件，乙产品1050件，单件甲产品的材料消耗定额为20千克，单件乙产品的材料消耗定额为10千克。

要求：按材料定额耗用量比例分配材料费用。

2. 某工业企业某月发生动力费用7600元，通过银行转账支付，月末查明各车间、部门耗电度数为：基本生产车间耗电5000度，其中车间照明用电500度；辅助生产车间耗电2000度，其中车间照明用电300度；企业管理部门耗电600度。

要求：

（1）按所耗电度数分配电力费用，A、B产品按生产工时分配电费。A产品生产工时为3000小时，B产品生产工时为2000小时。

（2）编制该月支付与分配外购电费的会计分录（该企业辅助生产车间不设“制造费用”明细账；所编分录列示到成本项目）。

3. 某企业根据某月份工资结算凭证汇总的工资费用为：基本生产车间生产甲、乙两种产品，生产工人的计时工资共计 392000 元，车间管理人员工资 28400 元，行政管理人员工资 40000 元。甲产品完工数量为 10000 件，乙产品完工数量为 8000 件。单位产品工时定额：甲产品 2.5 小时，乙产品 3 小时。

要求：按定额工时比例分配甲、乙两种产品的生产工人工资；编制工资分配的会计分录。

第 4 章
辅助生产费用的归集和分配

【学习目标】

（1）了解辅助生产的含义和辅助生产费用的归集。
（2）理解辅助生产费用各种分配方法的优缺点和适用范围。
（3）掌握辅助生产费用各种分配方法的运用。

【思维导图】

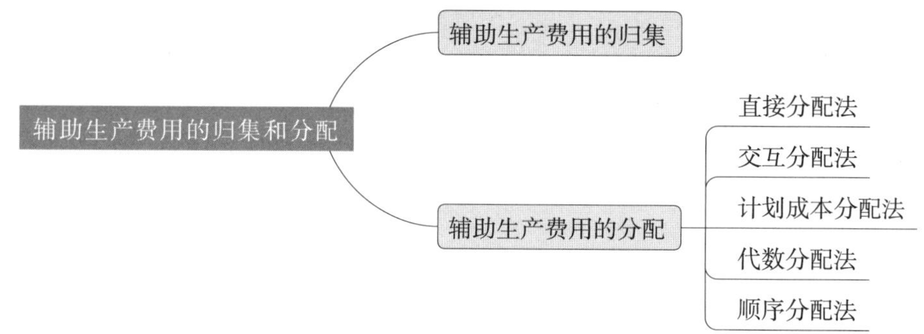

【案例导入】

建兴公司的主要业务是生产空调，设有 4 个生产车间：零配件生产车间、装配车间、供电车间和维修车间。其中，供电车间和维修车间不对外提供劳务，主要针对全公司内部提供劳务；同时，供电车间和维修车间也相互提供劳务。小王和小李是该公司的两名会计人员。小王认为，为了简化核算工作，供电车间和维修车间相互提供的劳务可以不予以考虑；小李则认为，供电车间和维修车间相互提供的劳务，如果完全不考虑会影响计算的准确性，应该将供电车间和维修车间相互提供的劳务先进行交互分配，再统一对外进行分配。假如你是这家公司的会计主管，在选择辅助生产成本的分配方法时，你会如何考虑？

4.1 辅助生产费用的归集

辅助生产是指为基本生产车间或行政管理等部门提供内部服务而进行的产品生产和劳务供应。有的只生产一种产品或提供一种劳务，如供电、供气、运输等辅助生产；有的则生产多种产品或提供多种劳务，如工具、模具、备件的制造及机器设备的修理等辅助生产。由于辅助生产部门的主要生产任务是为企业基本生产和内部管理提供内部服务，很少有产品或劳务直接对外出售，因此其产品或劳务的成本（即辅助生产费用）必须由耗用这些产品或劳务的基本生产、内部管理、专职销售等部门来承担。辅助生产产品和劳务成本的高低，会影响企业产品成本和期间费用的水平，因此将企业一定时期内发生的各项辅助生产费用采用合理的方法分配给相关耗用部门，是企业准确计算产品成本和各项期间费用的前提。

为了归集所发生的辅助生产费用，应设置“辅助生产成本”或“生产成本——辅助生产成本”科目，按辅助生产车间及其生产的产品、劳务的种类进行明细核算。

在只生产一种产品或只提供一种劳务的辅助生产车间，应按车间分别设置“辅助生产成本”明细账，在账内按规定的成本项目设置专栏；在生产多种产品或提供多种劳务的辅助生产车间，除了要按车间分别设置“辅助生产成本”明细账外，还应按各种产品或劳务分别开设“成本计算单”。辅助生产车间当月发生的直接材料、直接人工等直接成本项目的费用，应分别根据“材料费用分配表”“职工薪酬分配表”和有关凭证，计入“辅助生产成本”账户及其明细账的借方。

其他费用可在“制造费用——× × 辅助生产车间”明细账中进行核算，月末再转入“辅助生产成本”账户，并采用适当的分配标准，分配计入有关产品或劳务的成本计算单中。一般来说，如果辅助生产车间规模较小，制造费用很少，而且辅助生产车间不对外提供产品或劳务时，为了简化核算工作，辅助生产车间的制造费用也可以不通过“制造费用”账户单独归集，而直接计入“辅助生产成本”账户。在第 3 章中，绿源食品有限公司案例就采用这种方法。现将前述绿源食品有限公司案例中辅助生产成本归集到明细账中的具体数据列表，见表 4–1、表 4–2。

表 4–1　辅助生产成本明细账

车间名称：锅炉车间　　　　金额单位：元

20× × 年		凭证号数	摘要	材料费	燃料及动力	人工费	折旧费	办公费	劳保费	其他	合计
月	日										
8	31	略	材料费用分配表	6000							6000
	31		燃料费用分配表		2800						2800
	31		外购动力费用分配表		24000						24000
	31		职工薪酬费用分配表			9770					9770
	31		折旧费用分配表				1900				1900
	31		其他费用分配表						3830		3830
	31		待分配费用合计								48300

表 4–2　辅助生产成本明细账

车间名称：机修车间　　　　金额单位：元

20× × 年		凭证号数	摘要	材料费	燃料及动力	人工费	折旧费	办公费	劳保费	其他	合计
月	日										
8	31	略	材料费用分配表	1200							1200
	31		燃料费用分配表		1000						1000
	31		外购动力费用分配表		12000						12000
	31		职工薪酬费用分配表			5627					5627
	31		折旧费用分配表				2075				2075
	31		其他费用分配表						2498		2498
	31		待分配费用合计								24400

【问题与思考】

由于辅助生产车间提供的可能是产品，也可能是劳务，所以核算的方法也不太一样。若提供的是产品，其核算方法与基本生产车间的产品相同；若提供的是劳务，则应根据辅助生产车间所提供的产品或劳务的数量及其受益单位和程序等情况的不同采用适当的方法进行分配。你认为这种说法是否正确？为什么？

4.2 辅助生产费用的分配

【辅助生产费用的分配】

归集在“辅助生产成本”科目及其明细账借方的辅助生产费用，由于所生产的产品和提供的劳务不同，其所发生的费用分配转出的程序方法也不一样。所提供的产品，如制造工具、模具、修理用备件等产品成本，应在产品完工时，作为自制工具或材料入库，从“辅助生产成本”科目的贷方转入“周转材料”或“原材料”科目的借方；提供水、电、气和运输、修理等劳务所发生的辅助生产费用，多按受益单位耗用的劳务数量在各单位之间进行分配，分配时，借记“基本生产成本”“制造费用”“管理费用”“销售费用”等科目，贷记“辅助生产成本”科目。

辅助生产提供的产品和劳务，主要是为基本生产车间和管理部门使用和服务的，但在某些辅助生产车间之间也有相互提供产品和劳务的情况。例如，锅炉车间为供电车间供气取暖，供电车间也为锅炉车间提供电力。这样，为了计算供气成本，就要确定供电成本；为了计算供电成本，又要确定供气成本。这里就存在一个辅助生产费用在各辅助生产车间交互分配的问题。辅助生产费用的分配通常采用直接分配法、交互分配法、计划成本分配法、代数分配法和顺序分配法等。

4.2.1 直接分配法

采用直接分配法，不考虑辅助生产内部相互提供的劳务量，即不经过辅助生产费用的交互分配，直接将各辅助生产车间发生的费用分配给辅助生产以外的各个受益单位或产品。其计算公式如下：

辅助生产的单位成本（分配率）= 辅助生产费用总额 ÷ 辅助生产的产品或劳务总量（不包括对辅助生产各车间提供的产品或劳务量）

各受益对象应分配的费用 = 辅助生产的单位成本 × 该受益对象的耗用量

【例4-1】假定绿源食品有限公司的锅炉车间、机修车间成本总额分别为48300元和24400元（参见表4-1、表4-2）。假定这两个辅助生产车间20××年8月份供应的对象数量见表4-3。

表4-3 辅助生产车间提供劳务量汇总表

项目		锅炉车间	机修车间
待分配费用		48300元	24400元
供应劳务数量		16000吨	2180工时
各部门耗用劳务量	锅炉车间		180工时
	机修车间	1000吨	
	基本生产车间（一般耗用）	9000吨	1250工时
	行政管理部门	6000吨	750工时

根据上述资料，用直接分配法计算各辅助生产车间的费用分配率如下：

锅炉车间费用分配率 =48300 ÷ 15000=3.22

机修车间费用分配率 =24400 ÷ 2000=12.2

根据费用分配率计算的各受益对象应负担的辅助生产成本，用辅助生产费用分配表列示，见表 4–4。

表 4–4　辅助生产费用分配表（直接分配法）

20× × 年 8 月　　　　金额单位：元

辅助生产车间名称		锅炉车间	机修车间	合计
待分配的费用		48300	24400	72700
对外供应劳务数量		15000	2000	
单位成本（分配率）		3.22	12.2	
基本生产车间	耗用数量	9000	1250	
	分配金额	28980	15250	44230
行政管理部门	耗用数量	6000	750	
	分配金额	19320	9150	28470
合计		48300	24400	72700

据此编制会计分录。

借：制造费用——基本生产车间　　44230

　　管理费用　　28470

　　贷：辅助生产成本——锅炉车间　　48300

　　　　　　　　　　——机修车间　　24400

由于直接分配法将各辅助生产车间发生的费用，直接分配给辅助生产以外的各受益单位，辅助生产车间之间相互提供的产品和劳务，不互相分配费用，因此计算工作简便。但当辅助生产车间相互提供产品或劳务量差异较大时，分配结果不够准确，只适用于辅助生产内部相互提供的劳务不多、不进行劳务的交互分配对辅助生产成本和产品生产成本影响不大的情况。

4.2.2　交互分配法

交互分配法是指将辅助生产车间的费用分为两个阶段进行分配。第一阶段将各辅助生产车间互相提供的服务量按交互分配前的单位成本（对内分配率），在辅助生产车间之间进行第一次交互分配；第二阶段再将各辅助生产车间交互分配后的费用（即原归集的辅助生产费用加上交互分配转入的费用，减去交互分配转出的费用），按其提供给基本生产车间和其他部门的服务量和交互分配后的单位成本（对外分配率），在辅助生产车间以外的各受益单位之间进行分配。

【例 4–2】承【例 4–1】，编制交互分配法的辅助生产费用分配表，见表 4–5。

表4–5 辅助生产费用分配表(交互分配法)

20×× 年8月 金额单位：元

项目			交互分配			对外分配		
辅助生产车间名称			锅炉	机修	合计	锅炉	机修	合计
待分配的费用			48300	24400	72700	47295.89	25404.11	72700
供应劳务数量			16000	2180		15000	2000	
单位成本(分配率)			3.0188	11.1927		3.1531	12.7021	
辅助生产车间	锅炉	耗用数量		180				
		分配金额		2014.69	2014.69			
	机修	耗用数量	1000					
		分配金额	3018.80		3018.80			
基本生产车间		耗用数量				9000	1250	
		分配金额				28377.9	15877.63	44255.53
行政管理部门		耗用数量				6000	750	
		分配金额				18917.99	9526.48	28444.47*
合计						47295.89	25404.11	72700

注：* 该行数据为倒挤求得。

据此编制会计分录。

第一次，交互分配分录为

借：辅助生产成本——锅炉车间 2014.69

　　贷：辅助生产成本——机修车间 2014.69

借：辅助生产成本——机修车间 3018.80

　　贷：辅助生产成本——锅炉车间 3018.80

第二次，对外分配分录为

借：制造费用——基本生产车间 44255.53

　　管理费用 28444.47

　　贷：辅助生产成本——锅炉车间 47295.89

　　　　　　　　　　——机修车间 25404.11

交互分配法在辅助生产部门内部进行了交互分配，提高了分配结果的客观性和准确性。但由于要进行交互分配和对外分配两次分配，因此增加了计算工作量。另外，由于交互分配的分配率是根据交互分配前的待分配费用计算的，不是各辅助生产部门的实际单位成本，因此分配结果也并非完全反映客观实际。这种方法一般适用于各辅助生产部门之间相互提供劳务较多的企业。

4.2.3 计划成本分配法

计划成本分配法是按照计划单位成本计算、分配辅助生产费用的一种方法。其内容也是进行两次分配，先是按照各辅助车间产品或劳务的计划单位成本分配辅助生产部门为各受益单位（包括其他辅助生产部门）提供的费用，再计算各辅助车间实际生产费用与对外分配计划成本的“成本差异”，最后将差异向辅助生产车间以外的受益单位追加分配。在实际工作中，为了简化核算，也可以将成本差异直接计入“管理费用”。

计划成本分配法计算公式如下：

某辅助生产车间分配给某受益单位辅助生产费用 = 该受益单位耗用辅助生产车间产品或劳务数量 × 计划单位成本

某辅助生产车间成本差异 = 该辅助生产车间实际总成本 − 该辅助生产车间计划总成本

辅助生产车间实际成本 = 该辅助生产车间归集入账的费用 + 该辅助生产车间耗用其他辅助生产车间产品或劳务数量 × 其他辅助生产车间计划单位成本

辅助生产车间计划成本 = 该辅助生产车间提供产品或劳务总数 × 该辅助生产车间的计划单位成本

【例 4-3】仍然承【例 4-1】，假定绿源食品有限公司按计划成本法分配辅助生产费用，计划单位成本为：锅炉车间的蒸汽每吨 3 元，机修车间每小时修理费 12.5 元，则编制计划成本分配法的辅助生产费用分配表，见表 4-6。

表 4-6　辅助生产费用分配表（计划成本分配法）

20××年 8 月　　　　金额单位：元

<table>
<tr><th colspan="4">项目</th><th colspan="2">锅炉车间</th><th colspan="2">机修车间</th><th rowspan="2">合计</th></tr>
<tr><th colspan="4">劳务供应</th><th>数量 / 吨</th><th>费用</th><th>数量 / 小时</th><th>费用</th></tr>
<tr><td colspan="4">待分配的费用</td><td>16000</td><td>48300</td><td>2180</td><td>24400</td><td>72700</td></tr>
<tr><td colspan="4">计划单位成本</td><td></td><td>3</td><td></td><td>12.5</td><td></td></tr>
<tr><td rowspan="6">计划成本分配</td><td rowspan="5">应借账户</td><td rowspan="3">辅助生产成本</td><td>锅炉车间</td><td></td><td></td><td>180</td><td>2250</td><td>2250</td></tr>
<tr><td>机修车间</td><td>1000</td><td>3000</td><td></td><td></td><td>3000</td></tr>
<tr><td>小计</td><td></td><td>3000</td><td></td><td>2250</td><td>5250</td></tr>
<tr><td>制造费用</td><td>基本生产车间</td><td>9000</td><td>27000</td><td>1250</td><td>15625</td><td>42625</td></tr>
<tr><td colspan="2">管理费用</td><td>6000</td><td>18000</td><td>750</td><td>9375</td><td>27375</td></tr>
<tr><td colspan="3">按计划成本分配合计</td><td></td><td>48000</td><td></td><td>27250</td><td>75250</td></tr>
<tr><td colspan="4">辅助生产实际成本</td><td></td><td>50550</td><td></td><td>27400</td><td>77950</td></tr>
<tr><td rowspan="5">成本差异分配</td><td colspan="3">待分配成本差异额</td><td></td><td>2550</td><td></td><td>150</td><td>2700</td></tr>
<tr><td colspan="3">分配率</td><td></td><td>0.17</td><td></td><td>0.075</td><td></td></tr>
<tr><td rowspan="2">应借账户</td><td>制造费用</td><td>基本生产车间</td><td>9000</td><td>1530</td><td>1250</td><td>93.75</td><td>1623.75</td></tr>
<tr><td colspan="2">管理费用</td><td>6000</td><td>1020</td><td>750</td><td>56.25</td><td>1076.25</td></tr>
<tr><td colspan="3">成本差异分配合计</td><td></td><td>2550</td><td></td><td>150</td><td>2700</td></tr>
</table>

据此编制会计分录。

借：辅助生产成本——锅炉车间　　2250

　　　　　　　——机修车间　　3000

　　制造费用——基本生产车间　　42625

　　管理费用　　27375

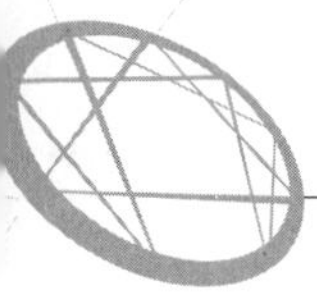

贷：辅助生产成本——锅炉车间　　48000
　　　　　　　　——机修车间　　27250

成本差异分配的分录为

借：制造费用——基本生产车间　　1623.75
　　管理费用　　1076.25
　贷：辅助生产成本——锅炉车间　　2550
　　　　　　　　　——机修车间　　150

第二步差异分配，如简化核算，也可以将差异全部计入“管理费用”，分录为

借：管理费用　　2700
　贷：辅助生产成本——锅炉车间　　2550
　　　　　　　　　——机修车间　　150

采用计划成本分配法，尽管也经过了两次分配，但由于第一次分配时，计划单位成本有现成资料，无须另外计算，只需按照各受益单位实际耗用数量进行分配即可，从而简化了计算工作；同时，采用计划成本分配法分配辅助生产费用，不是在辅助生产车间的实际费用结算后再进行，计算比较及时，还能反映和考核辅助生产成本计划的执行情况。但采用这种分配方法的前提条件是，辅助生产产品或劳务的计划单位成本比较准确；否则，就会影响分配结果的正确性。

4.2.4　代数分配法

代数分配法是先运用代数中的多元一次联立方程计算辅助生产劳务的单位成本，再根据受益单位耗用劳务的数量分配辅助生产费用的方法。其在求解过程中，各辅助生产车间耗用其他辅助生产车间的产品或劳务而应当负担的辅助生产费用也是按各辅助生产车间的实际单位成本计算的。因此，代数分配法的分配结果最准确，最能体现受益原则（即各受益单位应负担的辅助生产费用与该受益单位的受益量成正比）。其基本计算步骤如下：

（1）设未知数，根据辅助生产车间之间交互服务关系建立多元一次方程组。

（2）解方程组，计算各种产品或劳务的单位成本。

（3）用各单位成本乘以各受益部门的耗用量，求出各受益部门应分配计入的辅助生产费用。

【例4-4】仍然承【例4-1】，假定绿源食品有限公司锅炉车间的蒸汽每吨x元，机修车间每小时修理费为y元，则联立方程式为

$$\begin{cases} 48300+180y=16000x & (4.1) \\ 24400+1000x=2180y & (4.2) \end{cases}$$

将式（4.1）移项得

$$180y=16000x-48300$$

$$y=(16000x-48300)\div 180 \quad (4.3)$$

将式（4.3）代入式（4.2）得

$$24400+1000x=2180\times(16000x-48300)\div 180$$

$$x=3.161$$

将x=3.161代入式（4.2）得

$$y=12.6427$$

编制代数分配法的辅助生产费用分配表，见表4-7。

表 4-7　辅助生产费用分配表（代数分配法）

20×× 年 8 月　　　　金额单位：元

<table>
<tr><th colspan="4">辅助生产部门名称</th><th>锅炉车间</th><th>机修车间</th><th>合计</th></tr>
<tr><td colspan="4">待分配的费用</td><td>48300</td><td>24400</td><td>72700</td></tr>
<tr><td colspan="4">劳务供应总量</td><td>16000</td><td>2180</td><td></td></tr>
<tr><td colspan="4">用代数分配法算出实际单位成本</td><td>3.161</td><td>12.6427</td><td></td></tr>
<tr><td rowspan="9">应借账户</td><td rowspan="5">辅助生产成本</td><td rowspan="2">锅炉车间</td><td>耗用数量</td><td></td><td>180</td><td></td></tr>
<tr><td>分配金额</td><td></td><td>2275.69</td><td>2275.69</td></tr>
<tr><td rowspan="2">机修车间</td><td>耗用数量</td><td>1000</td><td></td><td></td></tr>
<tr><td>分配金额</td><td>3161.00</td><td></td><td>3161.00</td></tr>
<tr><td colspan="2">分配金额小计</td><td>3161.00</td><td>2275.69</td><td>5436.69</td></tr>
<tr><td rowspan="2">制造费用</td><td rowspan="2">基本生产车间</td><td>耗用数量</td><td>9000</td><td>1250</td><td></td></tr>
<tr><td>分配金额</td><td>28449.00</td><td>15803.38</td><td>44252.38</td></tr>
<tr><td rowspan="2">管理费用</td><td colspan="2">耗用数量</td><td>6000</td><td>750</td><td></td></tr>
<tr><td colspan="2">分配金额</td><td>18965.69</td><td>9481.93</td><td>28447.62</td></tr>
<tr><td colspan="4">分配金额小计</td><td>50575.69</td><td>27561.00</td><td>78136.69</td></tr>
</table>

据此编制会计分录。

借：辅助生产成本——锅炉车间　　2275.69
　　　　　　　　——机修车间　　3161.00
　　制造费用——基本生产车间　　44252.38
　　管理费用　　28447.62
　　贷：辅助生产成本——锅炉车间　　50575.69
　　　　　　　　　　——机修车间　　27561.00

采用代数分配法分配辅助生产费用，分配结果最准确，但在辅助生产车间较多的情况下，未知数较多，计算比较复杂。所以，这种分配方法适用于计算工作已经实现电算化的企业。

4.2.5　顺序分配法

顺序分配法又称梯形分配法，是在各辅助生产车间分配费用时，按照各辅助生产车间受益多少的顺序排列，逐一将其费用分配给其他车间（包括排在后面的辅助生产车间）、部门。受益少的辅助生产车间排在前面，受益多的辅助生产车间排在后面，并依次序向后面各车间、部门分配，后面的辅助生产车间费用不再对前面的辅助生产车间进行分配。

【例 4-5】仍然承【例 4-1】，假定绿源食品有限公司的两个辅助生产车间相互提供劳务，经过计算得出，锅炉车间耗用机修车间的修理劳务较少，机修车间耗用锅炉车间的蒸汽劳务较多，所以分配顺序为：锅炉车间排在前面，机修车间排在后面。具体计算如下：

锅炉车间耗用机修车间劳务 =180×（24400÷2180）=2014.68（元）

机修车间耗用锅炉车间劳务 =1000×（48300÷16000）=3018.75（元）

编制顺序分配法的辅助生产费用分配表，见表 4-8。

表 4–8　辅助生产费用分配表（顺序分配法）

20××年8月　　　　金额单位：元

供应单位		应借账户				
		辅助生产成本		制造费用	管理费用	合计
		锅炉车间	机修车间			
锅炉车间	供应数量		1000	9000	6000	16000
	待分配费用					48300
	分配率					3.0188
	分配金额		3018.8	27169.2	18112	48300
机修车间	供应数量			1250	750	2000
	直接费用					24400
	待分配费用					27418.8*
	分配率					13.7094
	分配金额			17136.75	10282.05	27418.8
分配金额合计			3018.8	44305.95	28394.05	75718.8

注：* 机修车间待分配费用 = 直接费用 + 分配转入费用 =24400+3018.8=27418.8。

据此编制会计分录。

借：辅助生产成本——机修车间　　3018.80
　　制造费用——基本生产车间　　44305.95
　　管理费用　　28394.05
　　贷：辅助生产成本——锅炉车间　　48300
　　　　　　　　　——机修车间　　27418.8

采用顺序分配法，在一定程度上考虑了辅助生产车间互相提供劳务因素，计算工作有所简化。但由于排列在前的辅助生产车间不负担排列在后的辅助生产车间的费用，因此分配结果的正确性会受到一定的影响。所以，这种方法仅适用于各辅助生产车间之间相互受益程序有明显顺序的企业。

【问题与思考】

辅助生产费用的5种分配方法各有优缺点，不同的企业适用不同的分配方法。假定某企业有供电和运输两个辅助生产车间，两个辅助生产车间相互之间提供劳务较多，且企业并没有实行会计电算化，请问该企业应该选择什么分配方法？

同步测试题

一、单项选择题

1. 辅助生产车间完工的通用工具入库时，应借记的账户是（　　）。

A. 周转材料——低值易耗品　　B. 基本生产成本

C. 辅助生产成本　　D. 原材料

2. 采用交互分配法，是将辅助生产费用先在（　　）之间进行交互分配，再进行对外分配。

A. 企业各车间、部门
B. 辅助生产车间与基本生产车间
C. 各辅助生产车间
D. 企业内部各车间

3. 辅助生产费用的分配方法有(　　)。
A. 约当产量法
B. 直接分配法
C. 定额耗用量比例分配法
D. 生产工时比例法

4. 辅助生产费用的归集和分配是通过(　　)账户进行的。
A. “辅助生产费用”
B. “生产成本——基本生产成本”
C. “生产成本——辅助生产成本”
D. “基本生产费用”

5. 如果辅助生产车间的规模不大，制造费用不多，为了简化核算工作，可将其制造费用直接计入(　　)。
A. “辅助生产成本”
B. “基本生产成本”
C. “制造费用”
D. “财务费用”

6. 直接分配法的特点是辅助生产费用(　　)。
A. 直接计入“辅助生产成本”账户
B. 直接分配给所有收益的车间部门
C. 直接分配给辅助生产以外的各受益单位
D. 直接分配给辅助生产内部各受益单位

7. 采用计划成本法分配辅助生产费用时，辅助生产车间实际发生的费用应该是(　　)。
A. 该车间待分配费用加上分配转入的费用减去分配转出的费用
B. 该车间待分配费用加上分配转入的费用
C. 该车间待分配费用减去分配转出的费用
D. 该车间待分配费用加上分配转出的费用减去分配转入的费用

二、多项选择题

1. 辅助生产费用的分配方法，主要包括(　　)。
A. 交互分配法
B. 直接分配法
C. 按计划成本分配法
D. 代数分配法
E. 顺序分配法

2. 辅助生产车间不设“制造费用”账户核算是因为(　　)。
A. 辅助生产车间数量较少
B. 辅助生产车间制造费用较少
C. 辅助生产车间不对外提供商品
D. 辅助生产车间规模较小
E. 为了简化核算工作

3. 采用代数分配法分配辅助生产费用(　　)。
A. 能够提供正确的分配计算结果
B. 能够简化费用的分配计算工作
C. 适用于实现电算化的企业
D. 便于分析考核各受益单位的成本
E. 核算结果不很正确

4. 辅助生产车间发生的固定资产折旧费，可能借记的账户有(　　)。
A. 制造费用
B. 辅助生产成本
C. 基本生产成本
D. 管理费用
E. 其他费用

三、判断题

1. 辅助生产费用的分配，应遵循谁受益谁负担的原则，分配方法力求简便、合理、易行。(　　)

2. 机修车间提供的劳务或产品，要在各受益单位之间按照所耗数量或者其他比例进行分配。(　　)

3. 辅助生产部门发生的各项费用，在会计核算上均应直接计入“辅助生产成本”账户。(　　)

4. 直接分配法计算工作简便，但分配结果不够准确，只适用于辅助生产内部相互提供的劳务不多的情况。(　　)

5. 交互分配法经过两次分配，因此分配结果最准确。(　　)

四、实训题

1. 某企业有供电和机修两个辅助生产车间，本月份根据辅助生产成本明细账得知，供电车间直接发生的待分配费用为 70400 元，机修车间为 67200 元。车间本月提供的劳务量见表 4-9。

表 4-9　车间本月提供的劳务量

车间、部门		用电度数 / 度	修理工时 / 小时
第一基本生产车间	产品耗用	18500	—
	一般耗用	1500	1800
第二基本生产车间	产品耗用	17000	—
	一般耗用	1000	2100
管理部门		2000	100
供电车间		—	200
机修车间		4000	—
合计		44000	4200

要求：采用交互分配法分配辅助生产费用（表 4-10），并编制会计分录。

表 4-10　辅助生产费用分配表（交互分配法）

项目				交互分配			对外分配		
辅助生产车间名称				供电	机修	合计	供电	机修	合计
待分配辅助生产费用									
供应劳务数量									
费用分配率（单位成本）									
辅助生产车间耗用	应借“辅助生产成本”科目	供电车间	耗用数量						
			分配金额						
		机修车间	耗用数量						
			分配金额						
		分配金额小计							
基本生产车间耗用	应借“基本生产成本”科目	第一车间	耗用数量						
			分配金额						
		第二车间	耗用数量						
			分配金额						
	应借“制造费用”科目	第一车间	耗用数量						
			分配金额						
		第二车间	耗用数量						
			分配金额						
		分配金额小计							
行政管理部门耗用	应借“管理费用”科目		耗用数量						
			分配金额						
分配金额合计									

2. 某企业设有修理和运输两个辅助生产车间、部门。修理车间本月发生费用 451000 元，提供修理劳务量 2600 小时，其中，为运输部门修理 400 小时，为基本生产车间修理 2000 小时，为行政管理部门修理 200 小时，修理费用按修理工时比例分配。运输部门本月发生费用 792000 元，运输材料物资等 7500 吨・千米，其中，为修理车间提供劳务 300 吨・千米，为基本生产车间提供运输劳务 5200 吨・千米，为企业行政管理部门提供运输劳务 2000 吨・千米。

要求：采用直接分配法计算分配修理、运输费用，编制对外分配的会计分录。

3. 某企业修理车间和运输部门本月有关经济业务汇总如下：修理车间发生费用 350000 元，提供劳务 20000 小时，其中，为运输部门提供 3000 小时，为基本生产车间提供 16000 小时，为管理部门提供 1000 小时。运输部门发生费用 460000 元，提供运输 40000 千米，其中，为修理车间提供 3500 千米，为基本生产车间提供 30000 千米，为管理部门提供 6500 千米。计划单位成本：修理每小时 20 元，运输每小时 12 元。

要求：

（1）计算按计划成本分配合计数额。

（2）计算辅助生产（修理、运输）实际成本数额。

（3）计算辅助生产差异。

（4）编制按计划成本分配和辅助生产成本差异的会计分录。

第5章
制造费用的核算

【学习目标】

（1）了解制造费用的概念及其归集。
（2）理解制造费用各种分配方法的适用范围。
（3）掌握制造费用分配方法和费用分配表的编制方法。

【思维导图】

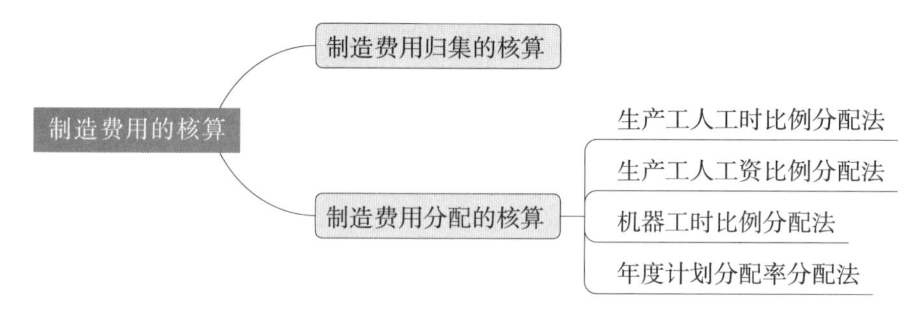

【案例导入】

小卢是一名在校大学生，随同老师到临望公司参观学习。在查看账簿时，小卢不禁疑惑，在基础会计中学过，制造费用月末不是没有余额吗？为什么临望公司的制造费用每个月末都有余额，而且有时在借方，有时在贷方呢？该公司会计人员解释说，这是因为采用年度计划分配率分配法来分配制造费用，所以才导致制造费用月末有余额；若是采用别的分配方法，就不会产生余额。那么，制造费用到底有哪些分配方法？每种分配方法又有哪些特点？

5.1　制造费用归集的核算

制造费用是制造业企业为生产产品（或提供劳务）而发生的，应计入产品或劳务成本但没有专设成本项目的各项生产费用，如车间机物料消耗、折旧费、修理费、车间照明费、水费、取暖费、差旅费、办公费，以及车间管理和辅助人员的薪酬费用等。

制造费用一般是间接生产费用，在发生时无法直接计入产品成本，需按费用发生的地点先行归集，月末再采用一定的方法在各成本计算对象间进行分配。企业应设置“制造费用”账户进行总分类核算，该账户按照不同的生产单位，如车间、部门、分厂等设立明细账，账内按照费用项目设立专栏或专户。制造费用发生时，根据有关的付款凭证、转账凭证和前述各种分配表，借记“制造费用”，贷记“原材料”“应付职工薪酬”“累计折旧”“银行存款”等；月末，归集在基本生产车间“制造费用”账户借方的各项费用，按照一定的分配标准分配转入“基本生产成本”，借记“基本生产成本”各明细账户，贷记“制造费用”。除季节性生产企业以外，“制造费用”账户月末应无余额。

需要指出的是，如果辅助生产车间的制造费用是通过“制造费用”账户单独核算的，月末也需转入“辅助生产成本”；如果辅助生产车间的制造费用没有单独设置“制造费用”账户核算，对发生的各项制造费用，也可以不通过“制造费用”核算，直接计入“辅助生产成本”。制造费用明细账示例见表 5-1。

表 5-1　制造费用明细账（××基本生产车间）

金额单位：元

20××年		凭证号数	摘要	职工薪酬	水电费	机物料消耗	修理费	动力费	办公费	保险费	折旧费	低值易耗品摊销	其他	合计	转出
月	日														
8	31	略	材料费用分配表												
	31		外购动力费用分配表												
	31		职工薪酬费用分配表												
	31		折旧费用分配表												
	31		其他费用分配表												
	31		辅助生产分配表												
	31		制造费用分配表												
	31		本月合计												

【问题与思考】

根据第 3 章、第 4 章相关资料，登记基本生产车间制造费用明细账，填在表 5-1 中。

5.2　制造费用分配的核算

在制造费用按发生地点和用途归集之后，月末就应将制造费用明细账中所归集的费用总额，按照一定的标准和方法，在本车间所生产的各种产品之间进行分配，而不得将各车间的制造费用统一在整个企业范围内分配。如果某个车间只生产一种产品，制造费用可以直接计入该种产品的成本；如果某个车间生产多种产品，制造费用应采用适当的分配方法计入该车间各种产品的成本。制造费用的分配方法有很多，通常采用的方法有生产工人工时比例分配法、生产工人工资比例分配法、机器工时比例分配法和年度计划分配率分配法等。

【制造费用的分配】

【制造费用的分配——基于“中国制造 2025”的成本核算】

5.2.1　生产工人工时比例分配法

生产工人工时比例分配法是按各种产品所耗生产工人工时的比例分配制造费用的一种方法。其计算公式如下：

制造费用分配率 = 制造费用总额 ÷ 车间各产品生产工时总额

某产品应分配的制造费用 = 该种产品生产工时 × 制造费用分配率

上述公式中的生产工时总数，一般是指实际生产工时，但如果企业产品的定额工时比较准确，也可以使用定额工时计算。

【例 5-1】 假定绿源食品有限公司第一生产车间生产 250 克牛奶饼干和 250 克巧克力饼干两种产品，生产工人工时分别为 3200 小时和 1800 小时，本月归集的制造费用为 79500 元，按生产工人的实际生产工时比例分配制造费用如下：

制造费用分配率 =79500 ÷（3200+1800）=15.9（元 / 小时）

250 克牛奶饼干应分配的制造费用 =3200 × 15.9=50880（元）

250 克巧克力饼干应分配的制造费用 =1800 × 15.9=28620（元）

在实际工作中，制造费用分配一般通过编制制造费用分配表进行。制造费用分配表编制见表 5-2。

表 5-2　制造费用分配表

20 × × 年 × 月

产品名称	生产工时 / 小时	分配率 /（元 / 小时）	分配额 / 元
250 克牛奶饼干	3200		50880
250 克巧克力饼干	1800		28620
合计	5000	15.9	79500

据此编制会计分录。

借：基本生产成本——250 克牛奶饼干　　50880

　　　　　　　——250 克巧克力饼干　　28620

　贷：制造费用——第一生产车间　　　　79500

按生产工时比例分配制造费用，能将劳动生产率与产品负担的制造费用结合起来，分配结果比较合理。采用这种分配方法，平时需要做好产品生产工时的记录和核算等基础工作，以保证生产工时的准确、可靠。生产工人工时比例分配法主要适用于各种产品机械化程度大致相同的情况；否则，就会出现机械化程度越低，负担制造费用就越多的不合理现象。

5.2.2　生产工人工资比例分配法

生产工人工资比例分配法是按照计入各种产品成本的生产工人工资比例分配制造费用的一种方法。其计算公式如下：

制造费用分配率 = 制造费用总额 ÷ 车间各产品生产工人工资总额

某产品应分配的制造费用 = 该种产品生产工人工资 × 制造费用分配率

由于工资费用分配表可以直接提供生产工人工资资料，因此采用这种分配方法，核算工作比较简便。但采用这一方法的前提是各种产品生产机械化的程度应该大致相同，否则机械化程度低的产品所用工资费用多，负担的制造费用也多，而机械化程度高的产品则负担的制造费用较少，从而影响费用分配的合理性。需要说明的是，如果生产工人工资是按照生产工时比例分配计入各种产品成本的，那么按照生产工人工资比例分配制造费用，实际上也就是按照生产工人工时比例分配制造费用。

5.2.3　机器工时比例分配法

机器工时比例分配法是按照生产各种产品所用机器设备运转时间的比例分配制造费用

的方法。其计算公式如下：

制造费用分配率 = 制造费用总额 ÷ 车间各产品所用机器工时总数

某产品应分配的制造费用 = 该种产品机器工时数 × 制造费用分配率

这一方法适用于生产机械化程度较高的产品，因为这类产品的机器设备使用、维修费用大小与机器运转的时间有密切联系。采用这一方法的前提条件是必须具备各种产品所耗机器工时的完整的原始记录。

【例 5-2】假定未来公司机加工车间所生产 C15S、C16S 两种型号的产品按机器工时比例分配制造费用，已知 20×× 年 8 月 C15S 产品的机器工时为 300 小时，C16S 产品的机器工时为 200 小时，制造费用借方发生额为 50000 元，则制造费用分配如下：

制造费用分配率 =50000÷（300+200）=100（元 / 小时）

C15S 产品应分配的制造费用 =300×100=30000（元）

C16S 产品应分配的制造费用 =200×100=20000（元）

制造费用分配表编制见表 5-3。

表 5-3　制造费用分配表

20×× 年 8 月

产品名称	机器工时 / 小时	分配率 /（元 / 小时）	分配额 / 元
C15S 产品	300		30000
C16S 产品	200		20000
合计	500	100	50000

据此编制会计分录。

借：基本生产成本——C15S 产品　　30000

　　　　　　　　——C16S 产品　　20000

　贷：制造费用——机加工车间　　　　50000

5.2.4　年度计划分配率分配法

年度计划分配率分配法是指按年度开始前预先制订的年度计划分配率分配各月制造费用的方法。各月实际发生的制造费用（借方）与年度计划分配率分配的制造费用（贷方）差异平时各月不进行调整，到年末才进行调整。有关计算公式如下：

某车间制造费用年度计划分配率 = 该车间全年制造费用预算数 ÷ 年度该车间各种产品计划产量的定额工时

某月某种产品应分摊的制造费用 = 年度计划分配率 × 当月该产品实际产量的定额工时

在这种分配方法下，“制造费用”科目平时各月份可能有余额，余额可能在借方，也可能在贷方，年末将其余额按已分配的比例进行一次再分配，计入各产品成本。

【例 5-3】假定绿源食品有限公司某基本生产车间全年制造费用计划为 800000 元，该车间全年甲、乙两种产品的计划产量分别为 6000 件和 4000 件，单位产品的工时定额甲产品为 6 小时，乙产品为 3.5 小时，则

该车间制造费用年度计划分配率 =800000÷（6000×6+4000×3.5）=16（元 / 小时）

假定绿源食品有限公司 8 月份的实际产量为甲产品 580 件，乙产品 420 件，该月实际制造费用 79500 元，则

甲产品应分配的制造费用 =16×580×6=55680（元）

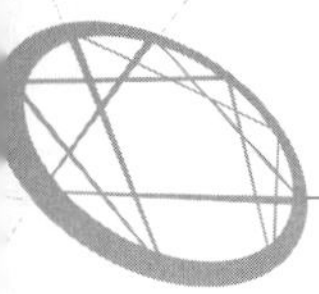

乙产品应分配的制造费用 =16×420×3.5=23520（元）

该月实际分配的制造费用为 79200 元（55680+23520），因而 8 月份出现差异额 300 元（79500－79200），即绿源食品有限公司该车间 8 月份出现制造费用借方余额 300 元，这 300 元的借方余额平时不分配。到年底时，如果制造费用账户仍然有余额，就是全年制造费用的实际发生额与计划发生额的差异，那么就要进行一次再分配，使分配调整后的制造费用余额为 0。

【问题与思考】

假定 8 月初，该车间“制造费用”账户有借方余额 300 元，请登记 8 月份该车间“制造费用”的“丁”字形账户。

【例 5-4】仍以绿源食品有限公司为例。假定该公司某基本生产车间全年共发生制造费用 801600 元，到年底按年度计划分配率分配制造费用 800700 元，其中甲产品为 533800 元，乙产品为 266900 元，年末制造费用账户借方余额为 900 元，则甲、乙两种产品应再分配制造费用如下：

甲产品应再分配数 =533800×（900÷800700）=600（元）

乙产品应再分配数 =266900×（900÷800700）=300（元）

年末，据此编制会计分录。

借：基本生产成本——甲产品　　600

　　　　　　　　——乙产品　　300

　　贷：制造费用——××车间　　900

上例年末制造费用账户出现借方余额，是在全年制造费用实际发生额大于计划分配额的情况下产生的。如果年末制造费用账户出现贷方余额，实际发生额小于计划分配额，则做相反的分录，即借记“制造费用”，贷记“基本生产成本”。

采用年度计划分配率分配法，不论各月实际发生的制造费用是多少，每月各种产品成本中的制造费用都是按年度计划确定的计划分配率分配。年度内，如果发现全年制造费用的实际数和产品的实际产量与计划数发生较大的差额，应及时调整计划分配率。

实行年度计划分配率分配法，可以取消短期波动因素对各月单位产品成本的影响，因此，这种方法适用于季节性生产企业。因为在季节性生产企业中，淡季和旺季产量相差悬殊，如果按实际费用分配，各月单位产品成本中所包含的制造费用将随之忽高忽低，不便于进行成本分析。采用年度计划分配率分配法，能均衡全年单位产品成本，有助于提高成本信息，也简化了计算。

同步测试题

一、单项选择题

1. 企业基本生产车间计提的固定资产折旧费，应借记（　　）科目。

A.“生产成本”　　B.“管理费用”

C.“制造费用”　　D.“财务费用”

2. 按年度计划分配率分配制造费用的方法适用于（　　）。

A. 季节性生产的企业　　B. 机械化程度较高的企业

C. 制造费用较多的企业　　D. 制造费用较少的企业

3. 机器工时分配法适用于（　　）。

A. 季节性生产的车间　　B. 制造费用较多的车间

C. 机械化大致相同的各种产品　　D. 机械化程度较高的车间

4. 下列属于制造费用分配方法的是（　　）。

A. 品种法　　B. 定额比例法
C. 约当产量法　　D. 生产工人工时比例法

5. 除了按年度计划分配率分配制造费用以外，“制造费用”账户月末(　　)。
A. 一定有借方余额　　B. 有借方或贷方余额
C. 一定有贷方余额　　D. 没有余额

6. 某基本生产车间甲产品的生产工时为12000小时，乙产品生产工时为8000小时，制造费用借方发生额为21000元，那么甲产品应分配的制造费用是(　　)元。
A. 12600　　B. 8400
C. 9600　　D. 15800

7. (　　)是指企业各个生产单位(分厂、基本生产车间)为组织和管理生产活动而发生的各项费用。
A. 生产成本　　B. 制造费用
C. 基本生产成本　　D. 辅助生产成本

8. 各生产单位的制造费用最终都必须分配计入(　　)。
A. “生产成本”　　B. “制造费用”
C. “管理费用”　　D. “本年利润”

9. (　　)分配标准能将劳动生产率和产品分摊的制造费用紧密联系起来，正确地体现劳动生产率和产品成本的关系。
A. 生产工人工时比例分配法　　B. 机器工时比例分配法
C. 生产工人工资比例分配法　　D. 年度计划分配率法

10. 机器工时分配法适用于机械化程度较(　　)，制造费用中的折旧费、动力费、修理费等与机器设备的使用密切相关，而且在制造费用中所占的比重较(　　)的生产车间。
A. 高；小　　B. 高；大
C. 低；小　　D. 低；大

二、多项选择题

1. 制造费用的分配方法有(　　)。
A. 生产工人工时比例分配法　　B. 机器工时比例分配法
C. 年度计划分配率分配法　　D. 生产工人工资比例分配法

2. 下列项目中，属于制造费用所属项目的有(　　)。
A. 生产车间的保险费　　B. 厂部办公楼折旧
C. 在产品盘亏、毁损　　D. 生产车间低值易耗品摊销

3. 制造费用最终结转进入(　　)。
A. 辅助生产成本　　B. 管理费用
C. 本年利润　　D. 基本生产成本

4. 下列应该计入制造费用的是(　　)。
A. 车间机器设备的折旧费　　B. 车间生产用照明
C. 车间机物料消耗　　D. 车间管理人员工资

5. 以下关于“制造费用”账户的说法正确的是(　　)。
A. “制造费用”账户属集合分配类的账户
B. 由于不同行业、不同企业的制造费用构成各不相同，各生产企业应根据本行业、本企业的生产经营的特点和成本管理的需要，设置不同的制造费用明细科目
C. “制造费用”账户借方反映当期发生的全部制造费用，贷方反映月末的分配结转，月末一定没有余额
D. 为便于同行业的比较分析，应力争同行业设置相同的“制造费用”明细科目

6. 以下属于直接人工工时分配法的优点的是(　　)。
A. 这种分配标准能将劳动生产率和产品分摊的制造费用紧密联系起来，正确地体现劳动生产率和产品成本的关系
B. 适合于在各产品机械化程度接近、加工工艺区别不大的情况
C. 适用于机械化程度较高的企业
D. 各单位都有直接人工工时的统计结果，分配资料的获取较容易

7. 按年度计划分配率计算分配的制造费用和实际发生的制造费用的差额的处理方法有(　　)。

A. 年末追加调整，多退少补

B. 不做任何调整

C. 将差额并入12月的制造费用并改按实际直接人工工时分配法进行分配

D. 差额很大时调整，差额很小时不调整

三、判断题

1. 由于制造费用和直接材料、直接人工共同构成生产成本，而且制造费用往往在生产成本中占有较大比重，所以制造费用的正确归集、分配是一项非常重要的工作。(　　)

2. “制造费用”账户属集合分配类账户。(　　)

3. 用年度计划分配率法分配制造费用时，月末“制造费用”科目可能出现借方余额，也可能出现贷方余额。(　　)

4. 无论采用哪一种制造费用的分配方法，“制造费用”科目月末都没有余额。(　　)

5. 直接人工工时分配法能将劳动生产率和产品分摊的制造费用紧密联系起来，正确地体现劳动生产率和产品成本的关系。(　　)

四、实训题

1. 企业基本生产车间生产甲、乙、丙3种产品，9月甲产品实际耗用生产工人工时1000小时，乙产品实际耗用工时400小时，丙产品实际耗用工时600小时。本月基本生产车间归集的制造费用总额为32300元。

要求：按直接人工工时分配法对企业基本生产车间本月发生的制造费用进行分配，并编制会计分录。

2. 企业基本生产车间生产甲、乙、丙3种产品，9月基本生产车间发生制造费用380000元。本月甲产品发生生产工人工资96000元，乙产品发生生产工人工资50000元，丙产品发生生产工人工资44000元。

要求：按直接工资分配法对企业基本生产车间本月发生的制造费用进行分配，并编制会计分录。

3. 某车间计划全年度制造费用发生额为19800元，全年各产品的计划产量为：甲产品250件，乙产品300件；单位产品工时消耗定额为：甲产品4小时，乙产品5小时；该车间某月实际产量为：甲产品12件，乙产品6件。该月实际发生制造费用1850元。

要求：

（1）计算制造费用的年度计划分配率。

（2）按年度计划分配率法分配本月制造费用。

（3）编制会计分录。

4. 某企业第一车间生产甲、乙、丙3种产品，本年度制造费用预算总额为420000元，3种产品本年计划产量分别为5000件、6000件和1600件，单位产品定额工时分别为40小时，70小时和50小时。本年12月生产甲产品600件，乙产品400件，丙产品300件，实际发生制造费用40000元。11月月末，“制造费用——第一车间”明细账有贷方余额500元。

要求：按计划分配率法对12月份企业第一生产车间的制造费用进行分配，年末对按计划分配率计算分配的制造费用和实际发生的制造费用的差额进行追加调整（假定本年度按计划分配率法分配制造费用400000元，其中甲产品分配了150000元，乙产品分配了160000元，丙产品分配了90000元），并编制会计分录。

第6章 生产损失的核算

【学习目标】

（1）了解生产损失的相关概念。
（2）理解正确核算生产损失对产品成本计算的重要性。
（3）掌握生产损失的计算方法，会正确编制生产损失计算表，并做相关分录。

【思维导图】

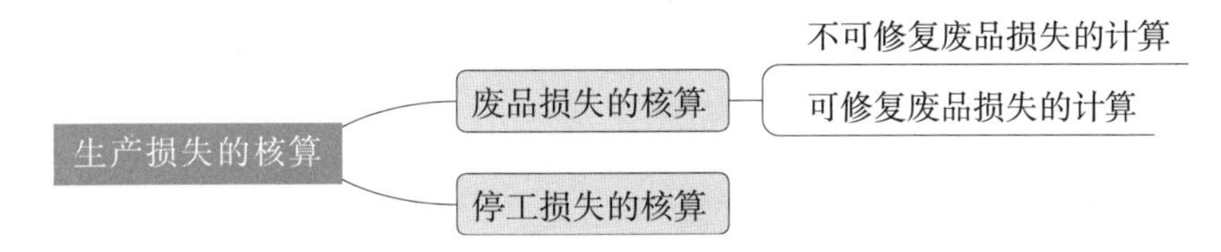

【案例导入】

在产品生产过程中，总会出现一些不可预测的情况，如产生了废品，或者出现了停工。如果企业发生了废品损失和停工损失，应该如何进行会计处理呢？小张和小李都是会计专业的学生。小张觉得废品的成本可以继续放在基本生产成本中，与合格品的成本不加区别，这样工作比较简便；而小李觉得废品的成本还是要单独计算，将来转入营业外支出。至于停工损失是作为一种成本、一种费用，还是一种支出，更是引起了小张和小李无休止的争论。那么，你认为应该如何看待与处理这些生产损失？

6.1 废品损失的核算

生产中的废品是指不符合规定的技术标准，不能按照原定用途使用，或者需要加工修理后才能使用的在产品、半成品或产成品。无论是在生产过程中发现的废品，还是在入库后发现的废品，都包括在内。

废品分为可修复废品和不可修复废品两种。可修复废品是指经过修理可以使用，而且所花费的修复费用在经济上合算的废品；不可修复废品则是指不能修复，或者所花费的修复费用在经济上不合算的废品。

废品损失是指在生产过程中发现的和入库后发现的不可修复废品的生产成本，以及可修复废品的修复费用、扣除回收的废品残料价值和应收赔偿款后的损失。废品损失不包括以下 3 类。

（1）质量虽然不符合规定标准，但企业不进行返修仅降价出售的损失，在计算损益时体现。

（2）产成品入库后由于保管不善等造成的损坏变质损失，计入“管理费用”。

（3）实行包修、包退、包换的产品出售后发现的废品损失，计入“销售费用”。

假如企业上述废品损失较多，需要单独核算废品损失，则应增设“废品损失”账户，该账户按产品设立明细账。同时，在“基本生产成本”各明细账户中应增设“废品损失”成本项目。

6.1.1 不可修复废品损失的计算

不可修复废品损失是指废品的生产成本，扣除废品的残料价值和应收赔款后的损失。计算不可修复废品损失的方法有两种：可以按照废品所耗实际费用计算，即将产品成本在合格品和废品之间采用适当的方法进行分配；也可以按照废品所耗定额费用计算，即按照废品的数量和各项费用定额计算，不考虑废品实际发生的生产费用。

1. 按废品所耗实际费用计算

【例6-1】绿源食品有限公司机加工车间生产M型零部件160件，生产过程中发现其中有16件不可修复废品。这160件产品在生产过程中发生费用为：直接材料费用200000元，直接人工费用8060元，制造费用39520元，合计247580元。其中原材料在生产开始时一次性投入，故材料费用按照产量比例进行分配；其他费用按照生产工时比例进行分配。产品的生产工时分别为：合格品2408小时，废品192小时，废品残料回收价值240元。根据上述资料，可编制不可修复废品损失计算表，见表6-1。

表6-1 不可修复废品损失计算表（按实际费用计算）

车间名称：机加工车间

产品名称：M型零部件　　　　金额单位：元

项目	数量/件	直接材料	生产工时	直接人工	制造费用	成本合计
合格品和废品生产费用	160	200000	2600	8060	39520	247580
费用分配率	—	1250①	—	3.1④	15.2	—
废品生产成本	16	20000②	192	595.2⑤	2918.4	23513.6
减：残料价值	—	240	—	—	—	240
废品损失	—	19760③	—	595.2	2918.4	23273.6

注：① 200000÷160=1250；② 1250×16=20000；③ 20000−240=19760；④ 8060÷2600=3.1；⑤192×3.1= 595.2；制造费用计算方法和直接人工相同，其他数据题中已经给出，或者通过加总得到。

根据表6-1编制与废品损失有关的分录。

（1）结转废品的实际生产成本。

借：废品损失——M型零部件　　23513.6

　贷：基本生产成本——M型零部件　　23513.6

（2）回收废品残料入库价值。

借：原材料　　240

　贷：废品损失——M型零部件　　240

（3）将废品净损失转入该种合格产品成本。

借：基本生产成本——M型零部件　　23273.6

　贷：废品损失——M型零部件　　23273.6

经过上述会计处理，废品的生产成本先从“基本生产成本”账户转入“废品损失”账户，处理后废品净损失又从“废品损失”账户转回到“基本生产成本”账户“废品损失”成本项目，见表6-2。

表 6-2　产品生产成本明细账

车间名称：机加工车间

产品名称：M 型零部件　　　　金额单位：元

20×× 年		凭证号数	摘要	直接材料	直接人工	制造费用	废品损失	成本合计
月	日							
略	略	略	材料费用分配表	200000				20000
			职工薪酬分配表		8060			8060
			制造费用分配表			39520		39520
			减：不可修复废品成本	20000	595.2	2918.4		23513.6
			转入废品净损失				23273.6	23273.6
			本月完工入库合格品总成本	180000	7464.8	36601.6	23273.6	247340*

注：* 假定月产品全部完工入库，月末没有在产品。

从表 6-2 可以看出，由于发生了废品损失，M 型零部件总成本从 247580 元下降到 247340 元，但是产品产量从 160 件下降到 144 件，因此产品的单位成本从 1547.38 元上升到 1717.64 元。

按实际费用计算废品损失，计算结果准确，但核算工作量较大。如果废品是在完工以后发现的，那么这时合格品和废品的单位成本是一样的，只要按产品数量进行分配即可。

2. 按废品所耗定额费用计算

【例 6-2】假定某月份发现机加工车间 M 型零部件中有不可修复废品 30 件，规定不可修复废品成本按定额成本计价。每件废品直接材料费用定额为 10 元，已完成的定额工时共为 100 小时，每小时定额费用为：直接人工 5 元，制造费用 6 元。废品残料价值 24 元。根据上述资料，可编制不可修复废品损失计算表，见表 6-3。

表 6-3　不可修复废品损失计算表（按定额费用计算）

车间名称：机加工车间

产品名称：M 型零部件　　　　金额单位：元

项目	直接材料	生产工时	直接人工	制造费用	成本合计
费用定额	10 元 / 件	100 小时	5 元 / 小时	6 元 / 小时	
废品定额成本	300①		500③	600	1400
减：残料价值	24				24
废品损失	276②		500	600	1376

注：① 10×30=300；② 300−24=276；③ 5×100=500；制造费用计算方法和直接人工相同，其他数据题中已经给出，或者通过加总得到。

根据表 6-3 编制与废品损失有关的分录。

（1）结转不可修复废品的生产成本。

借：废品损失——M 型零部件　　1400

　　贷：基本生产成本——M 型零部件　　1400

（2）回收废品残料入库价值。

借：原材料　　24

　　贷：废品损失——M 型零部件　　24

（3）将废品净损失转入该种合格产品成本。

借：基本生产成本——M 型零部件　　1376

　　贷：废品损失——M 型零部件　　1376

该方法计算简便并有利于废品损失和产品成本的分析考核，但企业必须具备准确的消耗定额和费用定额资料。

6.1.2 可修复废品损失的计算

可修复废品损失是指可修复废品返修发生的修复费用（包括修复废品发生的材料费、人工费和制造费用）减去残值和应收赔款。

【例6-3】绿源食品有限公司机加工车间生产M型零部件。6月份，在产品验收入库时发现可修复废品30件。为修复废品，发生修复费用为：材料费400元，人工费300元，承担制造费用600元。废品残料计价100元作为辅助材料入库。应由责任人员赔偿的废品损失200元。

（1）归集可修复废品的修复费用。

借：废品损失——M 型零部件　　1300

　　贷：原材料　　400

　　　　应付职工薪酬　　300

　　　　制造费用　　600

（2）废品残料入库。

借：原材料　　100

　　贷：废品损失——M 型零部件　　100

（3）登记应收赔款。

借：其他应收款　　200

　　贷：废品损失——M 型零部件　　200

（4）结转废品净损失。

借：基本生产成本——M 型零部件　　1000

　　贷：废品损失——M 型零部件　　1000

上述可修复废品损失的账务处理程序如图 6.1 所示。

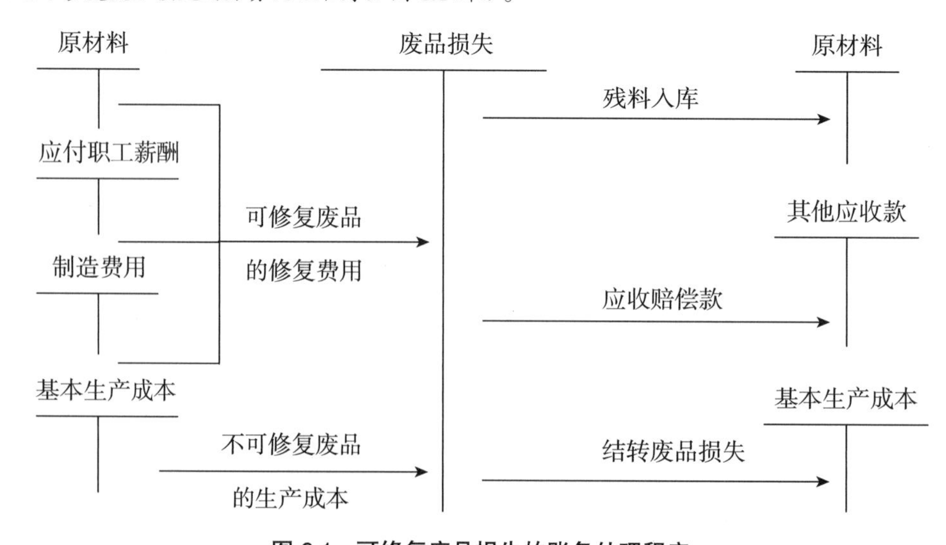

图 6.1　可修复废品损失的账务处理程序

假如企业废品损失较少，也可以不单独核算废品损失，只在废品残料入库时做如下分录即可。

借：原材料

　　贷：基本生产成本

【问题与思考】

上面提到，假如企业废品损失较少，也可以不单独核算废品损失。那么，不单独核算废品损失时，为什么只需编制这样一个分录即可？

6.2　停工损失的核算

停工损失是指生产车间或车间内某个班组在停工期间发生的各项费用，包括停工期内支付的生产工人薪酬、所耗直接材料和动力费，以及应负担的制造费用等，扣除各项赔偿款后的净损失。

假如企业的停工损失不单独核算，分以下情况进行会计处理：自然灾害引起的非正常停工损失，应计入“营业外支出”；其余停工损失，如季节性和固定资产修理期间的停工损失，应计入“制造费用”。

假如企业的停工损失较多，需要单独核算停工损失，则应增设“停工损失”账户，该账户按车间设立明细账。同时，在“基本生产成本”各明细账中成本项目中应增设“停工损失”项目。其账务处理程序如图 6.2 所示。

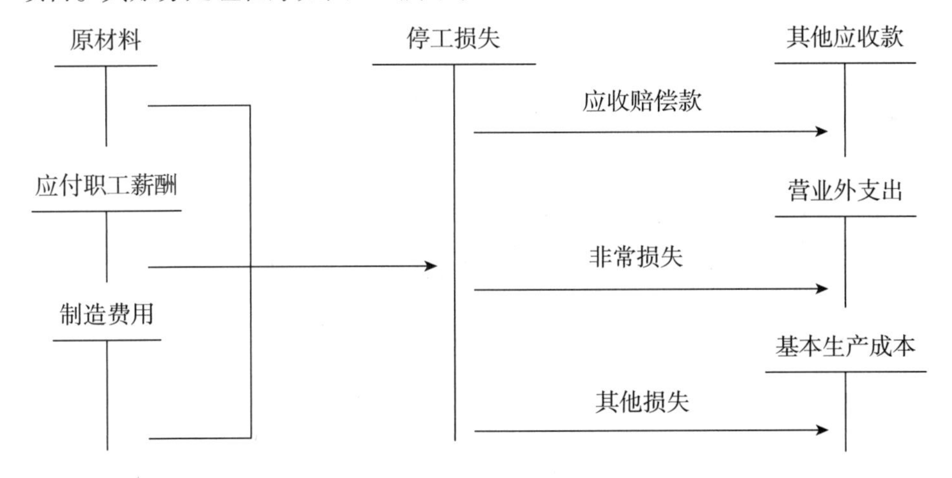

图 6.2　单独核算停工损失的账务处理程序

同步测试题

一、单项选择题

1. 工业企业发生的废品损失，最终应计入(　　)。

A. “管理费用”　　B. “制造费用”

C. “基本生产成本”　　D. “辅助生产成本”

2. 产成品入库后，由于保管不善等原因，使产品不符合规定的技术标准，这种损失在财务上应作为(　　)处理。

A. 废品损失　　B. 制造费用

C. 管理费用　　D. 基本生产成本

3. 实行“三包”（包退、包修、包换）的企业，在产品出售以后发现的废品所发生的一切损失，在财务上应计入(　　)。

A. “废品损失”　　B. “营业外支出”

C. “管理费用”　　D. “基本生产成本”

4. 经过质量检验部门鉴定不需要返修，可以降价出售的不合格品，其降价损失应(　　)。

A. 计入“废品损失”　　B. 计入“销售费用”

C. 计入“管理费用”　　D. 不作会计处理，体现为销售损益

5. 以下关于停工损失的表述，正确的是(　　)。

A. 停工损失均可索赔　　B. 停工损失均可计入营业外支出

C. 停工损失均应计入产品成本　　D. 以上均不正确

6. 单独核算停工损失时，应计入“基本生产成本”账户的停工损失是(　　)。

A. 由于暴雨造成的停工损失　　B. 由于地震造成的停工损失

C. 可以向保险公司赔偿的停工损失　　D. 固定资产修理期间的停工损失

7. 不单独核算停工损失时，季节性停工期间的停工损失应计入(　　)科目。

A. “营业外支出”　　B. “基本生产成本”

C. “制造费用”　　D. “其他应收款”

8. 单独核算停工损失时，季节性停工期间的停工损失应计入(　　)科目。

A. “营业外支出”　　B. “基本生产成本”

C. “制造费用”　　D. “其他应收款”

二、多项选择题

1. 与“废品损失”科目贷方对应的科目可能有(　　)。

A. “原材料”　　B. “其他应收款”

C. “基本生产成本”　　D. “制造费用”

E. “营业外支出”

2. 与“废品损失”科目借方对应的科目可能有(　　)。

A. “原材料”　　B. “其他应收款”

C. “制造费用”　　D. “基本生产成本”

E. “应付职工薪酬”

3. 可修复废品的确认，必须同时满足的条件有(　　)。

A. 经过修理仍不能使用的　　B. 所花费的修复费用在经济上合算

C. 经过修理可以使用的　　D. 所花费的修复费用在经济上不合算

E. 不经过修理也可以使用的

4. 与“停工损失”科目贷方对应的科目可能有(　　)。

A. “其他应收款”　　B. “营业外支出”

C. “基本生产成本”　　D. “制造费用”

E. “管理费用”

5. 停工损失应包括生产车间(　　)。

A. 停工期间发生的原材料、工资费用　　B. 停工期间发生制造费用

C. 保险公司的赔款　　D. 季节性和固定资产修理期间的停工损失

E. 自然灾害引起的非正常停工损失

三、判断题

1. 可修复废品是指技术上可以修复的废品。(　　)

2. 经过修理虽可使用，但所花费的修复费用在经济上不合算的废品，属于不可修复废品。(　　)

3. 不单独核算停工损失的企业，停工期间发生的属于停工损失的各项费用，应直接计入“基本生产成本”科目。(　　)

四、实训题

1. 绿源食品有限公司机加工车间生产 A 产品 150 件，生产过程中发现其中有 4 件不可修复废品。150 件产品在生产过程中发生费用为：原材料费用 6000 元，直接工资费用 6300 元，制造费用 3600 元。其中，原材料是在生产开始时一次性投入，原材料费用按产量比例进行分配，其他费用按生产工时比例进行分配。产品的生产工时总共为 4500 小时，其中废品的生产工时为 120 小时，废品材料回收价值 25 元。

要求：

（1）计算不可修复废品的生产成本并登记不可修复废品损失计算表（表 6–4）。

表 6–4　不可修复废品损失计算表

车间名称：机加工车间

产品名称：A 产品　　　　金额单位：元

项目	数量 / 件	直接材料	生产工时	直接人工	制造费用	成本合计
合格品和废品生产费用						
费用分配率	—		—			—
废品生产成本						
减：残料价值	—		—	—	—	
废品损失	—		—			

（2）登记产品生产成本明细账（表 6–5）。

表 6–5　生产成本明细账

车间名称：机加工车间

产品名称：A 产品　　　　金额单位：元

20×× 年		凭证号数	摘要	直接材料	直接人工	制造费用	废品损失	成本合计
月	日							
略	略	略	材料费用分配表					
			职工薪酬分配表					
			制造费用分配表					
			减：不可修复废品成本					
			转入废品净损失					
			本月完工入库合格品总成本					

（3）编制相关会计分录。

2. 某企业规定不可修复废品成本按定额成本计价。某月份某产品的不可修复废品 25 件，每件直接材料定额为 9 元；已完成的定额工时共为 130 小时。每小时定额费用为：直接人工 7 元，制造费用 9 元。该月该产品的可修复废品的修复费用为：直接材料 500 元，直接人工 300 元，制造费用 700 元。废品残料计价 150 元作为原材料入库。应由责任人员赔偿的废品损失 200 元。

要求：

（1）计算不可修复废品的生产成本。

（2）计算全部废品的损失。

（3）编制归集废品修复费用、结转不可修复废品生产成本、废品残值入库、应收赔款及结转废品损失的会计分录。

第 7 章 生产费用在完工产品和月末在产品之间的分配

【学习目标】

（1）了解完工产品和在产品的区别。
（2）理解在不同情况下，生产费用在完工产品与在产品之间进行分配适用不同的方法。
（3）掌握生产费用在完工产品与在产品之间的分配方法，会正确编制生产费用分配表并做相关分录。

【思维导图】

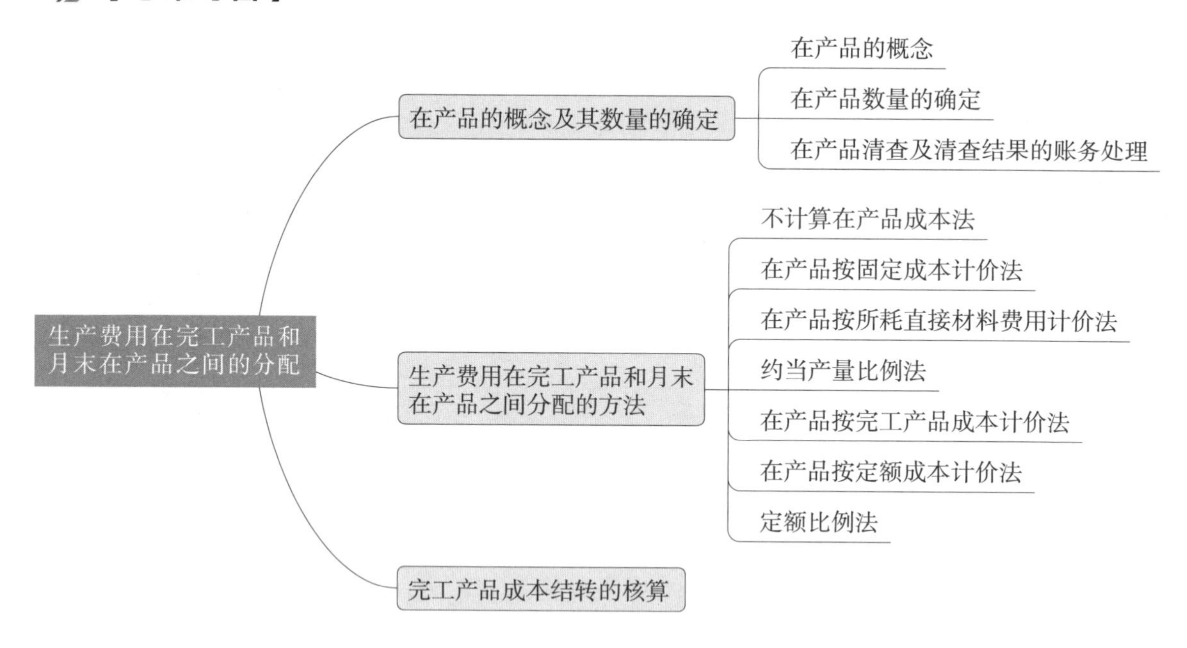

【案例导入】

企业生产的产品在每个月月末可能全部完工，可能全部没有完工，但更多的情况是，既有完工产品，又有未完工产品。那么，在前面所归集到的基本生产成本中，必然有一部分是完工产品的成本，而另一部分是未完工产品的成本，这些成本如何计算出来呢？小陈和小黄刚从事会计工作不久。小陈发现自己所核算的车间月底未完工产品总是很少，为了工作简便，她认为可以将当月的基本生产成本都作为完工产品的成本；小黄发现自己所核算的车间月底未完工产品总是很多，同时未完工产品的所消耗的成本基本都是原材料费用，所以他认为可以只计算未完工产品的原材料费用作为其成本，而其他成本都作为完工产品成本。这些方法可以使用吗？车间是否还有其他情况？不同的情况应该采用何种方法？

7.1　在产品的概念及其数量的确定

通过前面章节的归集与分配，本月所耗生产费用已经计入各种产品的“基本生产成本”明细账，最后一步就是计算完工产品的成本。如果到了月末，所有产品均已完工，那么归集的成本都是完工产品的成本；如果到了月末，所有产品均未完工，那么归集的成本则都只是未完工产品的成本，完工产品的成本为零。在现实生活中，以上两种情况都不多，经常碰到的是到了月末，既有完工产品，又有未完工产品，称为在产品。此时，就需要将归集的成本在完工产品与在产品之间进行分配。本章就对这类分配方法进行介绍。

7.1.1　在产品的概念

在产品有广义和狭义之分。广义的在产品，是就整个企业来说的，指企业已经投入生产，但还没有完成全部生产过程、不能作为商品销售的产品，包括正在车间中加工的在产品、已经完成一个或几个生产步骤但还需要继续加工的半成品、未经验收入库的产品、正在返修的废品和等待返修的废品等。对外销售的自制半成品，属于商品产品，验收入库后不应列入在产品之内。狭义的在产品，是就某一车间或某一生产步骤来说的，只包括本车间或本生产步骤正在加工中的那部分在产品，车间或生产步骤已完工入库的半成品不包括在内。

7.1.2　在产品数量的确定

为了准确核算在产品数量，通常采用两种方法，通过账面资料核算或者通过实地盘点。需要通过账面资料核算在产品数量的企业，要求设置“在产品收发存账簿”，也叫“在产品台账”，格式一般见表 7–1。

表 7–1　在产品台账

生产单位：　　　　　　生产工序：　　　　　　在产品名称：　　　　　　计量单位：

日期	摘要	收入		转出			结存			备注
		凭证号	数量	凭证	合格品	废品	已完工	未完工	废品	
合计										

在实际中，确定在产品数量的两种方法往往同时使用，一方面，要根据领料凭证、在产品内部转移凭证、产成品检验凭证和产品交库凭证等做好在产品收发结存的记录工作；另一方面，要对在产品进行定期盘点，随时掌握在产品的变化，确保在产品数量的准确性。

7.1.3　在产品清查及清查结果的账务处理

为了核实在产品的数量，确保账实相符，需要对在产品进行定期清查，或不定期进行轮流清查。实地盘点的结果，应填制“在产品盘点表”，并与在产品台账核对；如有不符，还需填制“在产品盘盈盘亏报告表”。对盘点结果，会计人员应认真审核并经有关部门和领导审批后，进行相应的账务处理。

1. 盘盈

（1）发现盘盈时。

借：基本生产成本

　　贷：待处理财产损溢

（2）批准后处理。

借：待处理财产损溢

　　贷：制造费用

2. 盘亏

（1）发现盘亏时。

借：待处理财产损溢

　　贷：基本生产成本

　　　　应交税费——应交增值税（进项税额转出）（非自然灾害造成）

（2）批准后处理。

借：原材料（残料价值）

　　其他应收款（应由过失人或保险公司赔偿的损失）

　　营业外支出（自然灾害造成的非常净损失）

　　制造费用

　　贷：待处理财产损溢

7.2　生产费用在完工产品和月末在产品之间分配的方法

【向目标前进——计算并结转完工产品成本】

区分完工产品和在产品之后，要将归集的产品成本在完工产品与月末在产品之间进行分配。假如本月生产的产品都是本月才开始生产，没有月初在产品成本，则仅需分配本月生产费用。其计算公式如下：

$$本月生产费用=本月完工产品成本+月末在产品成本 \quad (7.1)$$

但更普遍的情况是，上月末有未完工的产品，本月继续进行加工，那么本月需要分配的生产费用还包括上月末在产品成本（即本月初在产品成本），所以公式（7.1）可以变为

$$月初在产品成本+本月生产费用=本月完工产品成本+月末在产品成本 \quad (7.2)$$

假如使用公式（7.2），意味着按照某一标准，将成本在本月完工产品与月末在产品之间按照一定比例进行分配。也可以采用另一种方法，即先确定月末在产品成本，然后计算本月完工产品成本。其计算公式如下：

$$本月完工产品成本=本月生产费用+月初在产品成本-月末在产品成本 \quad (7.3)$$

综上所述，再结合企业月末在产品的数量多少、变化大小、各项费用比重的大小，以及企业定额管理基础的好坏等具体条件，通常采用 7 种分配方法：不计算在产品成本法、在产品按固定成本计价法、在产品按所耗直接材料费用计价法、约当产量比例法、在产品按完工产品成本计价法、在产品按定额成本计价法和定额比例法。

【生产费用在完工产品和在产品之间分配 Excel 习题演示】

7.2.1　不计算在产品成本法

采用这种分配方法，月末虽有在产品，但不计算在产品成本。这种方法适用于各月月末在产品数量很少的产品。从公式（7.3）可以看出，如果各月月末在产品数量很少，那么月初和月末在产品费用就很小，两者的差额也很小，是否计算在产品成本对本月完工产品成本影响不大。出于简化计算工作的考虑，可以不计算在产品成本。

同时，公式（7.3）变为

$$本月完工产品成本 = 本月生产费用 \tag{7.4}$$

即每月生产费用之和也就是每月完工产品成本。例如，煤炭工业的采煤，由于工作面小，在产品数量很少，月末在产品可以不计算成本。

7.2.2　在产品按固定成本计价法

采用这种分配方法，各月末在产品的成本固定不变。这种方法适用于月末在产品数量较小或在产品数量虽大，但各月间变化不大的产品。因为每月在产品数量较小或者变化较小，所以月初与月末在产品成本之间的差额就很少。同样，从公式（7.3）可以看出，本月完工产品成本与本月生产费用相差不多，也是出于简化计算工作的考虑，可以将月初和月末在产品都按照固定成本计价。

在这种分配方法下，本月生产费用也就是本月完工产品成本，但 12 月份除外。为了避免相隔时间过长，在产品数量变化较大，通常在每年年末，需要实际盘点在产品的数量，具体计算在产品成本，并通过公式（7.3）计算 12 月份产品成本，而盘点计算后的在产品成本将作为下一个年度各月固定的在产品成本。例如，炼铁企业和化工企业的月末在产品数量较稳定，一般采用此种方法。

7.2.3　在产品按所耗直接材料费用计价法

采用这种分配方法，月末在产品只计算其所耗用的直接材料费用，不计算直接人工和制造费用等加工费用。也就是说，在这种方法下，月末只需要将直接材料费用在本月完工产品和月末在产品之间分配，直接人工、制造费用等其他生产费用全部由完工产品成本承担。这种方法适用于各月末在产品数量较大，各月在产品数量变化也较大，但直接材料费用在成本中所占比重较大的产品，如造纸、酿酒等行业的产品。

这种方法的计算步骤如下：

第一步，直接材料费用分配率 =（月初在产品所负担的直接材料费用 + 本月发生直接材料费用）÷（完工产品数量 + 月末在产品数量）（假定材料在生产开始时一次性投入）。

第二步，月末在产品成本 = 月末在产品数量 × 直接材料费用分配率。

第三步，完工产品成本 =（直接材料费用合计数 − 月末在产品成本）+ 其他各项生产费用。

【例 7−1】某企业生产甲产品，原材料在生产开始时一次性投入。月初在产品费用为 40000 元，本月发生费用 120000 元，其中直接材料费用 90000 元，直接人工和制造费用 30000 元。本月完工产品 700 件，月末在产品 600 件。计算完工产品费用和月末在产品费用。根据上述步骤，计算过程如下：

直接费用分配率 =（40000+90000）÷（700+600）=100

月末在产品成本 = 600 × 100=60000（元）

完工产品成本 = 700 × 100+30000=100000（元）

【问题与思考】

请思考，计算出月末在产品成本之后，是否还有其他方法可以计算完工产品成本？

7.2.4　约当产量比例法

【约当产量法】

采用这种分配方法时，先将月末在产品数量按其完工程度折算为相当于完工产品的产量，即约当产量，然后按照完工产品产量与月末在产品约当产量的比例分配计算本月完工产品成本和月末在产品成本。这种方法适用于月

末在产品数量较大，且各月末在产品数量变化较大，产品成本中直接材料费用和加工费用比重相差不多的产品。这种分配方法的计算步骤如下：

第一步，在产品约当产量 = 在产品数量 × 完工百分比（投料程度或加工程度）。

第二步，某项费用分配率 = 该项费用总额 ÷（完工产品数量 + 在产品约当产量）。

第三步，完工产品该项费用 = 完工产品产量 × 该项费用分配率。

第四步，在产品该项费用 = 在产品约当产量 × 该项费用分配率 = 该项费用总额 − 完工产品该项费用。

第五步，完工产品成本 = 各项费用之和；月末在产品成本 = 各项费用之和。

采用这种分配方法，确定在产品的约当产量是关键，根据各类费用的不同投入方式，有不同的计算方法。

（1）分配直接材料费用时，计算约当产量的方法有3种。

① 原材料在生产开始时一次性投入，则上述计算步骤一中完工百分比为100%。

② 原材料在每道工序中随着生产进度陆续投入，则上述计算步骤一中完工百分比为[（前面各道工序原材料消耗定额之和 + 本工序原材料消耗定额 ×50%）] ÷ 产品原材料消耗定额 ×100%。

③ 原材料在每道工序开始时一次性投入，则上述计算第一步中完工百分比为[（前面各道工序原材料消耗定额之和 + 本工序原材料消耗定额）] ÷ 产品原材料消耗定额 ×100%。

【问题与思考】

请思考，为什么原材料的投入方式不同，计算完工百分比的公式也会不同？

（2）直接人工、制造费用等其他费用计算约当产量时，上述计算第一步中完工百分比为[（前面各道工序工时定额之和 + 本工序工时定额 ×50%）] ÷ 产品工时定额 ×100%。

【例7-2】某企业经由两道工序生产甲产品，月初在产品费用400元，其中直接材料费用100元，其他费用300元，本月发生费用600元，其中直接费用200元，其他费用400元。月末，完工产品10件，在产品20件，其中第一道工序在产品8件，第二道工序在产品12件。生产产品的工时定额：第一道工序为3小时，第二道工序为7小时。

（1）假如原材料在生产开始时一次性投入，计算本月完工产品成本和月末在产品成本过程如下所列。

① 分配原材料费用。

在产品约当产量 =8+12=20（件）

原材料费用分配率 =（100+200）÷（10+20）=10

本月完工产品直接费用 =10×10=100（元）

月末在产品直接费用 =20×10=200（元）

② 分配其他费用。

第一道工序在产品约当产量 =8×[3×50%÷（3+7）]×100%=1.2（件）

第二道工序在产品约当产量 =12×[（3+7×50%）÷（3+7）]×100%=7.8（件）

在产品的约当产量 =1.2+7.8=9（件）

其他费用分配率 =（300+400）÷（10+9）≈36.84

本月完工产品其他费用 =36.84×10=368.4（元）

月末在产品其他费用 =（300+400）−368.4=331.6（元）（倒挤）

本月完工产品成本 =100+368.4=468.4（元）

月末在产品成本 =200+331.6=531.6（元）

（2）假如原材料随着生产进度陆续投入。已知生产产品的材料消耗定额：第一道工序为 6 千克，第二道工序为 10 千克。计算本月完工产品成本和月末在产品成本过程如下所列。

① 分配原材料费用。

第一道工序在产品约当产量 =8×［6×50%÷（6+10）］×100%=1.5（件）

第二道工序在产品约当产量 =12×［（6+10×50%）÷（6+10）］×100%=8.25（件）

在产品的约当产量 =1.5+8.25=9.75（件）

材料费用分配率 =（100+200）÷（10+9.75）≈15.19

本月完工产品原材料费用 =10×15.19=151.9（元）

月末在产品原材料费用 =100+200−151.9=148.1（元）

② 分配其他费用。

第一道工序在产品约当产量 =8×［（3×50%）÷（3+7）］×100%=1.2（件）

第二道工序在产品约当产量 =12×［（3+7×50%）÷（3+7）］×100%=7.8（件）

在产品的约当产量 =1.2+7.8=9（件）

其他费用分配率 =（300+400）÷（10+9）≈36.84

本月完工产品其他费用 =10×36.84=368.4（元）

月末在产品其他费用 =300+400−368.4=331.6（元）

本月完工产品成本 =151.9+368.4=520.3（元）

月末在产品成本 =148.1+331.6=479.7（元）

（3）假如原材料在每道工序开始时一次性投入。已知生产产品的材料消耗定额：第一道工序为 6 千克，第二道工序为 10 千克。计算本月完工产品成本和月末在产品成本过程如下所列。

① 分配原材料费用。

第一道工序在产品约当产量 =8×［6÷（6+10）］×100%=3（件）

第二道工序在产品约当产量 =12×［（6+10）÷（6+10）］×100%=12（件）

在产品的约当产量 =3+12=15（件）

材料费用分配率 =（100+200）÷（10+15）=12

本月完工产品原材料费用 =10×12=120（元）

月末在产品原材料费用 =100+200−120=180（元）

② 分配其他费用。

第一道工序在产品约当产量 =8×［（3×50%）÷（3+7）］×100%=1.2（件）

第二道工序在产品约当产量 =12×［（3+7×50%）÷（3+7）］×100%=7.8（件）

在产品的约当产量 =1.2+7.8=9（件）

其他费用分配率 =（300+400）÷（10+9）≈36.84

本月完工产品其他费用 =10×36.84=368.4（元）

月末在产品其他费用 =300+400−368.4=331.6（元）

本月完工产品成本 =120+368.4=488.4（元）

月末在产品成本 =180+331.6=511.6（元）

7.2.5　在产品按完工产品成本计价法

采用这种分配方法时，在产品视同完工产品分配费用。这种方法适用于月末在产品已经接近完工或已经完工，只是尚未验收入库的产品。因为在这种情况下的在产品已经基本加工完毕或已经加工完毕，在产品的成本和完工产品的成本基本相等或相等，为了简化计算，可以将在产品按完工产品计价。

7.2.6 在产品按定额成本计价法

采用这种分配方法时，月末在产品成本按其数量和单位定额成本计算，完工产品成本就是用生产费用合计数减去月末在产品的定额成本。这种方法适用于定额管理基础较好，各项消耗定额或费用定额比较准确、稳定，而且月末在产品数量变动不大的产品。这种方法的计算公式如下：

月末在产品成本 = 月末在产品数量 × 在产品单位定额成本

本月完工产品成本 = 月初在产品成本 + 本月发生的生产费用—月末在产品成本

【例7-3】某企业生产甲产品，某月份月初在产品成本和本月发生的生产费用共计1000元，其中直接材料500万元，直接人工200万元，制造费用300万元。本月完工产品30件，月末在产品5件。该产品原材料在生产开始时一次性投入，月末在产品完成定额工时10万小时。该产品的定额资料：材料费用定额10万元/件，人工费用定额2元/小时，制造费用定额3元/小时。计算本月完工产品与月末在产品成本步骤如下：

月末在产品成本 =5×10+10×2+10×3=100（万元）

本月完工产品成本 =1000 — 100=900（万元）

【问题与思考】

为什么采用在产品按定额成本计价法时要求月末在产品数量变动不大？如果月末在产品数量变动较大，应该采用什么方法？

7.2.7 定额比例法

采用这种分配方法时，其生产费用按完工产品与月末在产品定额消耗量或定额费用的比例进行分配。这种方法适用于定额管理基础较好，各项消耗定额或费用定额比较准确、稳定，但各月末在产品数量变动较大的产品。因为各月末在产品数量变化较大，即使消耗定额或费用定额准确、稳定，两者脱离费用定额差异的差额仍会较大，如果继续采用前述定额成本法，从公式（7.3）可以看出，将把较大的差额计入完工产品成本，从而影响成本的准确性。因此，这时采用定额比例法，分配结果会比较合理，而且便于将实际费用与定额费用相比较，考核和分析定额的执行情况。定额比例法的计算步骤如下：

第一步，某项费用分配率 =（月初在产品实际费用 + 本月实际费用）÷（本月完工产品定额消耗量 / 工时 / 费用 + 月末在产品定额消耗量 / 工时 / 费用）。

因为月初在产品成本 + 本月生产费用 = 本月完工产品成本 + 月末在产品成本，所以此公式也可变为“某项费用分配率 =（月初在产品实际费用 + 本月实际费用）÷（月初在产品定额消耗量 / 工时 / 费用 + 本月投入的定额消耗量 / 工时 / 费用）”。

第二步，本月完工产品成本 = 本月完工产品定额消耗量 / 工时 / 费用 × 某项费用分配率。

第三步，月末在产品成本 = 月末在产品定额消耗量 / 工时 / 费用 × 某项费用分配率。

【例7-4】甲产品由A、B两种零件制成。其单位零件的原材料费用定额为：A零件10元，B零件8元。原材料在零件投产时一次投入。甲产品本月完工800台，月末在产品的盘存数量为：A零件480件，B零件520件，其单位工时定额分别为4小时、3小时。甲产品单台原材料定额为18元，工时定额为8小时。另月初和本月发生的费用之和为：直接材料14016元，直接人工7410元，制造费用6916元，成本合计28342元。按定额比例法分配甲产品的完工产品和月末在产品成本编制费用分配表，见表7-2。

表 7–2　完工产品与月末在产品费用分配表

金额单位：元

摘要		直接材料	直接人工	制造费用	成本合计
费用合计		14016	7410	6916	28342
分配率		0.6③	0.75⑧	0.7	—
完工产品成本	定额	14400①	6400⑥	—	—
	实际	8640④	4800⑨	4480	17920
在产品成本	定额	8960②	3480⑦	—	—
	实际	5376⑤	2610⑩	2436	10422

注：①800×18=14400；②480×10+520×8=8960；③14016÷（14400+8960）=0.6；④14400×0.6=8640；⑤8960×0.6=5376；⑥800×8=6400；⑦480×4+520×3=3480；⑧7410÷（6400+3480）=0.75；⑨6400×0.75=4800；⑩3480×0.75=2610；制造费用的计算方法和直接人工相同，其他数据题中已经给出，或者通过加总得到。

7.3　完工产品成本结转的核算

生产费用在完工产品与月末在产品之间进行分配，计算出本月完工产品的成本，并需要按照不同的成本计算对象将完工产品成本进行结转。其账务处理如下所列。

1. 基本生产车间产成品入库

借：库存商品

　　贷：基本生产成本

2. 辅助生产车间自制工具、模具、修理用备件入库

借：周转材料（自制工具、模具入库）

　　原材料（修理用备件入库）

　　贷：辅助生产成本

结转之后，“生产成本”账户的借方余额表示本月在产品成本，下月将继续加工。

同步测试题

一、单项选择题

1. 某种产品经两道工序加工而成，其原材料分两道工序在每道工序开始时一次投入：第一道工序原材料消耗定额 75 千克，第二道工序原材料消耗定额 100 千克。在分配材料费用时，计算出的第二道工序在产品完工率为（　　）。

A. 50%　　　　B. 66%

C. 100%　　　　D. 80%

2. 以完工产品和月末在产品的数量比例分配计算完工产品与月末在产品的直接材料费用，必须具备的条件是（　　）。

A. 原材料陆续投入　　　　B. 原材料在生产开始时一次投入

C. 在产品原材料费用比重较大　　　　D. 各项消耗定额比较准确、稳定

3. 狭义的在产品是指（　　）。

A. 正在某个车间加工的在产品　　　　B. 需进一步加工的半成品

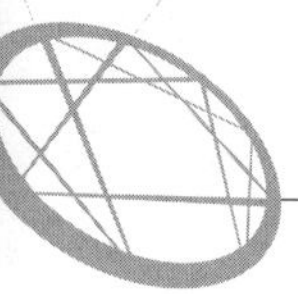

C. 对外销售的自制半成品　D. 产成品

4. 在产品按所耗直接材料费用计价法，适用于(　　)。

A. 各月在产品数量变化较大的产品　B. 各月末在产品数量较大的产品

C. 原材料费用在成本中所占比重较大的产品　D. 同时具备以上3个条件的产品

5. 各月末在产品数量较小，或者在产品数量虽大，但各月之间变化不大的产品，适用的分配方法是(　　)。

A. 在产品按定额成本计价法　B. 在产品按完工产品计算法

C. 约当产量法　D. 在产品按固定成本计价

二、多项选择题

1. 广义在产品包括(　　)。

A. 尚在各步骤加工的在产品　B. 转入各半成品库准备继续加工的半成品

C. 对外销售的自制半成品　D. 已入库的外购半成品

E. 等待返修的废品

2. 在产品发生盘亏和毁损后，经批准进行处理时，应分别不同原因借记的科目有(　　)。

A. “基本生产成本”　B. “辅助生产成本”

C. “制造费用”　D. “营业外支出”

E. “其他应收款”

3. 采用定额比例法分配完工产品和在产品费用，应具备的条件是(　　)。

A. 定额管理基础较好　B. 月末在产品数量变化较大

C. 月末在产品数量变化较小　D. 月末在产品数量较少

E. 各项消耗定额或费用定额较准确、稳定

4. 各月份在产品数量较多而且变化也较大，在完工产品与月末在产品之间分配生产费用时，不宜采用的方法有(　　)。

A. 约当产量比例法　B. 在产品按固定成本计价法

C. 在产品按定额成本计价法　D. 在产品不计算成本法

E. 定额比例法

5. 广义的在产品是指(　　)。

A. 全部加工中的在产品和半成品　B. 尚在本步骤中加工中的在产品

C. 转入各半成品库的半成品　D. 准备对外销售的半成品

E. 已从半成品库转到以后各步骤进一步加工，尚未最后制成的半成品

6. 产成品和在产品的盘亏与毁损在批准处理时，可能借记（　　）科目，贷记“待处理财产损溢”科目。

A. “管理费用”　B. “制造费用”

C. “其他应收款”　D. “营业外支出”

E. “基本生产成本”

7. 下列适用于约当产量比例法的有(　　)。

A. 月末在产品数量较大

B. 月末在产品接近完工

C. 各月末在产品数量变化较大

D. 产品成本中原材料费用和工资等其他费用比重相差不大

E. 产品成本中原材料费用和工资等其他费用比重相差较大

三、判断题

1. 各月末在产品数量变化不大的产品，可以不计算月末在产品成本。　(　　)

2. 在产品按其所耗直接材料费用计价时，本月发生的其他费用全部计入完工产品成本。　(　　)

3. 在产品按所耗直接材料费用计价时，都应按完工产品与月末在产品的数量比例分配它们的原材料费用。　(　　)

4. 月末在产品数量较小，或者虽然月末在产品数量较大，但各月末在产品数量变化不大的企业，适

合用在产品按固定成本计价法。（　）

5. 不计算在产品成本法适用于月末没有在产品的产品。（　）

四、实训题

1. 某企业生产 A 产品需顺序经过三道工序连续加工才能完成，在产品在各工序的完工程度均为 50%。具体资料见表 7–3。

表 7–3　三道工序加工进度表

项目	工序一	工序二	工序三	合计
工时定额 / 小时	40	60	100	200
在产品数量 / 件	70	60	80	210

要求：根据下列资料计算各工序的在产品完工率及全部在产品约当产量。

第一工序在产品完工率 =

第二工序在产品完工率 =

第三工序在产品完工率 =

在产品约当产量 =

2. 某企业甲产品的原材料在生产开始时一次投入，产品成本中的直接材料费用所占比重很大，月末在产品按其所耗直接材料费用计价。其月初在产品费用为 10000 元，该月生产费用为直接材料 85000 元，直接人工 40000 元，制造费用 60000 元。该月完工产品 900 件，月末在产品 50 件。

要求：分配计算甲产品的完工产品成本和月末在产品成本。

3. 某产品分两道工序制成。其工时定额为：第一道工序 10 小时，第二道工序 40 小时，每道工序按本道工序工时定额的 50% 计算。在产品数量为：第一道工序 150 件，第二道工序 300 件。月末完工产品 305 件，月初在产品和本月直接人工费用共计 3220 元。

要求：

（1）计算两道工序在产品的完工率。

（2）计算月末在产品约当产量。

（3）按约当产量比例分配计算完工产品和月末在产品的直接人工费用。

4. 某企业采用定额比例法计算分配 A 产品的完工产品和月末在产品成本，20×× 年 8 月份有关生产费用见表 7–4，本月完工产品定额工时 6000 小时，月末在产品的定额工时为 2400 小时。

要求：根据以上资料完成表 7–4（直接材料费用按定额费用比例分配，其他各项费用按定额工时比例分配，费用分配率计算结果保留到小数点后四位数，其他计算结果保留到小数点后两位数）。

表 7–4　产品成本计算表

<table>
<tr><th colspan="2">成本项目</th><th>直接材料</th><th>直接人工</th><th>制造费用</th><th>合计</th></tr>
<tr><td colspan="2">月初在产品成本 / 元</td><td>7901</td><td>1900</td><td>2500</td><td></td></tr>
<tr><td colspan="2">本月发生生产费用 / 元</td><td>10560</td><td>8563</td><td>7955</td><td></td></tr>
<tr><td colspan="2">生产费用累计 / 元</td><td></td><td></td><td></td><td></td></tr>
<tr><td colspan="2">费用分配率</td><td></td><td></td><td></td><td>—</td></tr>
<tr><td rowspan="2">完工产品成本</td><td>定额</td><td>10000（元）</td><td>6000（小时）</td><td>—</td><td>—</td></tr>
<tr><td>实际 / 元</td><td></td><td></td><td></td><td></td></tr>
<tr><td rowspan="2">月末在产品成本</td><td>定额</td><td>5900（元）</td><td>2400（小时）</td><td>—</td><td>—</td></tr>
<tr><td>实际 / 元</td><td></td><td></td><td></td><td></td></tr>
</table>

5. 某企业生产甲产品由3道工序制成，原材料在生产开始时一次投入。单位产品工时定额为50小时，第一道工序工时定额为20小时，第二道工序工时定额为20小时，第三道工序工时定额为10小时。各道工序在产品所完成的累计工时定额按上道工序累计工时定额加上本道工序工时定额的50%计算。本月甲产品完工400件，各道工序在产品数量：第一道工序30件，第二道工序20件，第三道工序20件。月初在产品及本月生产费用累计为：直接材料费用218000元，直接人工109000元，制造费用87200元。

要求：采用约当产量比例法将生产费用在完工产品与月末在产品之间进行分配。

（1）分工序计算完工率。

（2）分工序计算在产品约当产量。

（3）计算费用分配率。

（4）计算本月完工产品成本和月末在产品成本，并编制完工产品入库的会计分录。

第 8 章 产品成本计算方法

【学习目标】

（1）了解各种产品成本计算方法。
（2）理解在不同情况下应采用不同的产品成本计算方法。
（3）掌握各种产品成本计算方法的特点，会根据企业的不同情况选择不同的产品成本计算方法。

【思维导图】

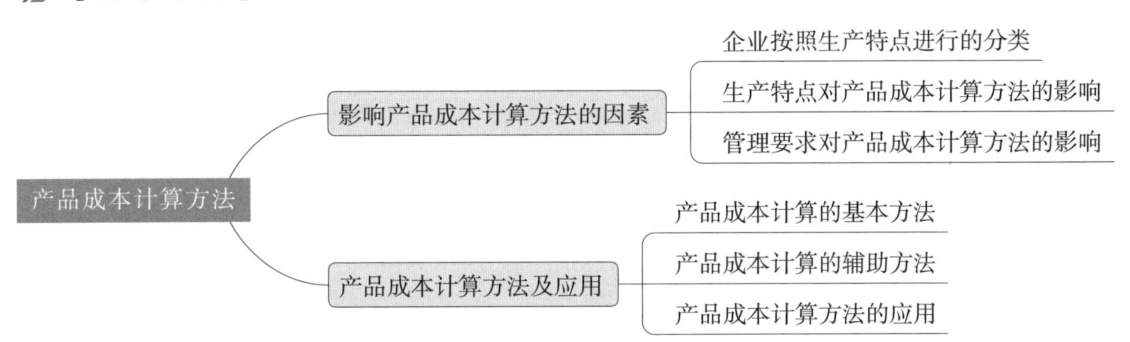

【案例导入】

小何刚刚从一家食品企业跳槽到一家服装企业。原先的食品企业是按照产品品种组织生产的，因此在计算产品成本时，也是以产品品种为计算对象。而现在这家服装企业是按照批别来组织生产的，一个批别中常常有多个品种的服装，假如继续按照产品品种来计算产品成本，似乎非常麻烦，那么是否有其他简便的方法？除了生产类型之外，企业的管理要求对产品成本计算方法的选择又有什么影响？

8.1 影响产品成本计算方法的因素

第 2 章讲述成本核算的一般程序时曾述及，企业进行成本核算，首先应确定成本计算对象。前面各章节讲述的产品计算程序均是以产品品种为计算对象。实际上，生产特点不同、管理要求不同，产品成本计算对象也会有所不同。生产特点和管理要求对产品成本计算方法的影响，主要也是表现在产品成本计算对象的确定上。工业企业应该适应生产特点和管理要求，来确定产品成本计算的方法。

8.1.1 企业按照生产特点进行的分类

企业的生产特点主要包括生产的工艺过程和组织方式两个方面，按照工艺过程和组织方式的不同，可以将企业分为不同的类型。

1. 按照工艺过程分类

（1）单步骤生产。单步骤生产是指产品生产的工艺过程不能间断，或者虽能间断但不便于或不需要划分为几个步骤的产品生产，如发电、采煤等企业的生产均属于此类型。

（2）多步骤生产。多步骤生产指产品生产的工艺过程可以间断，可以分散在不同时间、地点进行的产品生产。多步骤生产按照产品加工方式的不同又可以分为连续式生产和平行式生产。连续式生产是指产品的加工过程是连续不断的，即将原材料投入生产后，要顺序经过若干个步骤，最终才能制成企业的产成品，如纺织、钢铁等企业的生产均属于此类型。以这种方式进行生产的企业，只有最后一个步骤的完工产品才能称为产成品，而其他步骤的完工产品只能称为半成品。平行式生产是指产品各个零部件的生产是平行进行的，即将原材料投入各个不同的生产部门，平行地生产出产成品所需的各种零部件，最后将零部件进行组装，制成企业的产成品，如车辆、船舶等企业的生产均属于此类型。

2. 按照组织方式分类

（1）大量生产。大量生产是指连续不断地重复生产一种或多种产品，如面粉、食糖、化肥、采掘等的生产都属于此类型。

（2）成批生产。成批生产是指按规定的产品批别和数量，定期或不定期地对某种产品重复进行的生产。成批生产又可按照批量大小，分为大批生产和小批生产。大批生产往往在一段时间内不断重复生产一种或多种产品，因而类似于大量生产，如木器生产等属于此类型。小批生产的产品批量较小，一批产品一般可以同时完工，如服装生产等属于此类型。

（3）单件生产。单件生产即按件组织生产，如造船和重型机械制造生产属于此类型。同时，因为小批生产的产品批量较小，所以单件生产类似于小批生产。

以上就是企业按照工艺过程或组织方式分别进行分类的结果，实际中两者需要结合考虑。

【问题与思考】

一般来说，企业的分类并不是独立的。结合两种分类结果，你认为工业企业可以分为哪些类型？

8.1.2 生产特点对产品成本计算方法的影响

生产特点对产品成本计算方法的影响体现在很多方面，下面主要介绍一下生产特点对成本计算对象、产品成本计算期，以及生产费用在完工产品和在产品之间如何分配的影响。

1. 生产特点对成本计算对象的影响

对于大量大批单步骤生产的企业来说，因为它是在重复地生产一种产品，而且工艺过程不能间断，所以只能以产品品种作为成本计算对象。对于大量大批多步骤生产的企业来说，它虽然也是在重复地生产一种产品，但为了加强各个生产步骤的成本管理，往往需要按照产品生产的步骤计算成本。此时，企业就是以产品步骤作为成本计算对象。对于小批单件生产的企业来说，一般都是按照客户的订单单件或按批别组织生产，因此，往往以单件或者批别作为成本计算对象。

2. 生产特点对产品成本计算期的影响

产品成本计算期是指多久计算一次产品成本。对于大量大批生产的企业来说，因为企业需要不间断地生产产品，往往生产周期很长，假如等到产品生产完再计算产品成本，就不利于企业及时掌握成本资料，因此，这种类型的企业往往需要按月计算产品成本。成本计算期与产品生产周期不一致，但与会计报告期一致。对于小批单件生产的企业来说，因为企业的生产不重复或重复少，而且批量小，一般可以等到某批或某件产品生产完再计算产品成本，即成本计算期与产品生产周期一致，但一般与会计报告期不一致。

3. 生产特点对生产费用在完工产品与在产品之间如何分配的影响

大量大批生产的企业，由于成本计算期与产品生产周期不一致，往往会出现月末计算产品成本时，有些产品已经完工，而有些产品还未完工的情况。这时就需要将当月的生产费用在完工产品与在产品之间进行分配。小批单件生产的企业，由于成本计算期与产品生产周期一致，因此，在计算产品成本时产品已经全部完工，就不存在生产费用在完工产品与在产品之间分配的问题。

8.1.3　管理要求对产品成本计算方法的影响

除了生产特点对产品成本计算方法有影响，管理要求对产品成本计算方法也有影响。从成本管理上看，企业掌握的成本资料可以为企业的经营决策、制定价格、降低成本、提高效益及员工评价等多方面提供参考，资料越详细越好、越充分越好。但是，资料要做得细、做得多，就会使得核算工作量增加，最终导致企业成本上升。因此，成本计算方法的选择一定要适合企业的管理要求。例如，大量大批多步骤生产的企业，并不都需要分步骤核算产品成本。假如管理上需要，而某些步骤的自制半成品是对外销售的，则需要知道自制半成品的成本以确定价格，或者企业需要加强各个生产步骤的成本管理，那么此时企业才需要以产品的生产步骤作为成本计算对象。假如企业的规模较小，管理上不要求按照生产步骤考核生产费用、计算产品成本，那么企业仍然可以以产品品种为成本计算对象。又如，小批单件生产的企业，虽然往往是按照客户订单组织生产，并以客户订单作为成本计算对象的，但有时为了达到方便、合理计算产品成本的目的，也可以对客户订单进行必要的归并或细分，然后以重新组合的产品批别为成本计算对象。

8.2　产品成本计算方法及应用

产品成本的计算方法有基本方法和辅助方法，其中，基本方法有品种法、分批法和分步法，辅助方法有分类法和定额法。下面简单介绍一下各种方法的特点、适用范围及使用情况。

8.2.1　产品成本计算的基本方法

根据前述，结合产品的生产工艺过程、组织方式和管理要求，产品成本计算的方法有3种。

（1）按照产品的品种计算产品成本，这种方法以产品品种为成本计算对象，称为品种法。

（2）按照产品的批别计算产品成本，这种方法以产品批别为成本计算对象，称为分批法。

（3）按照产品的生产步骤计算产品成本，这种方法以产品生产步骤为成本计算对象，称为分步法。

可以看出，虽然生产特点对成本计算方法的影响体现在很多方面，但最主要的还是对成本计算对象的影响，因为成本计算对象是区分成本计算方法的主要标志。

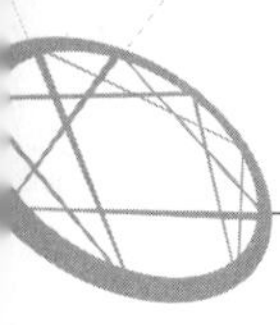

以上各种成本计算方法及其适用范围可归结为表8-1。

表8-1 产品成本计算方法

成本计算方法	生产组织	工艺过程和管理要求
品种法	大量大批	单步骤生产或管理上不要求分步骤计算成本的多步骤生产
分批法	小批单件	单步骤生产或管理上不要求分步骤计算成本的多步骤生产
分步法	大量大批	管理上要求分步骤计算成本的多步骤生产

以上3种方法是计算产品实际成本必不可少的方法，因而是产品成本计算的基本方法。根据生产特点对成本计算方法的影响，可以看到，这3种不同的成本计算方法有不同的特点，见表8-2。

表8-2 产品成本计算方法的特点

成本计算方法	成本计算对象	成本计算期	生产费用在完工产品与在产品之间如何分配
品种法	产品品种	按月计算，与会计报告期一致	一般需要计算
分批法	产品批别	不定期计算，与生产周期一致	一般不需计算
分步法	产品生产步骤	按月计算，与会计报告期一致	一般需要计算

【问题与思考】

如果某企业是一家要求提供半成品资料的纺织企业，那么它应该选择哪种成本计算方法？

8.2.2 产品成本计算的辅助方法

1. 分类法

分类法是一种简便的产品成本计算方法，一般在产品品种、规格繁多，但可以按照一定要求划分为若干类别时使用。因为产品不再按照繁多的品种归集费用、计算成本，只是按照不同类别计算成本，类内再按照一定的分配方法分配计算各品种产品的成本即可，所以给成本计算工作带来了方便。

2. 定额法

定额法是一种加强成本管理的产品成本计算方法，一般在定额管理工作比较好的企业使用。它将产品生产的实际成本分为按现行定额计算的定额成本、脱离现行定额的差异、原材料或半成品成本差异和月初在产品定额变动差异4个部分。通过对产品成本脱离定额差异的核算，可以及时了解产品成本的变化情况，加强成本控制。而将实际成本分为4个部分，又可以便于分析产品成本的变化原因，明确降低成本的方向。

分类法和定额法都是为了某一特定目的而采用的成本计算方法，并不是计算产品实际成本必不可少的方法，因而通常称为辅助方法。因为分类法和定额法只是为了某种特定目的所采用的辅助方法，所以它并不能单独使用，都需要与其他基本方法一起使用。

8.2.3 产品成本计算方法的应用

虽然在前面的内容中，对各种成本计算方法独立地进行了介绍，但是在实际工作中，一家企业并不是只能采用一种方法。有时因为生产特点和管理要求的需要，企业往往要将各种成本计算方法进行综合应用。这种综合应用一般分为两种情况：一种是同时采用；另一种是结合运用。

几种成本计算方法同时采用是指一家企业对于不同的产品采用不同的成本计算方法。当一家企业设有多个车间时，这种情况就很容易出现。例如，某企业既设有基本生产车间，又设有辅助生产车间，因为基本生产车间生产的是企业销售的产品，而辅助生产车间生产的是企业基本生产车间或其他部门需要的工具与劳务，不同车间需要根据各自生产产品的特点选择合适的成本计算方法，于是就出现了几种成本计算方法同时采用的情况。举个例子，假如某企业是纺织企业，一般属于大量大批生产，同时因为纺织要经过多个步骤完成，所以该企业的基本生产车间通常采用分步法进行成本计算。而考虑到辅助生产车间提供的工具或劳务仅用来满足本企业的需要，因此一般是小批单件生产，那此时就应采用分批法计算产品成本。这样一来，该企业就同时采用了分步法和分批法。

几种成本计算方法结合运用是指一种产品同时采用不同的成本计算方法。还是上面这家纺织企业，假如其纺织品品种规格繁多，为了简化核算，还可以结合运用分类法。这样一来，该企业在计算产品成本时就结合运用了分步法和分类法。

产品成本计算方法的使用是相当灵活的，生产同一种产品的不同企业也可能采用不同的成本计算方法，企业都是根据各自的生产特点和管理要求选择合适的成本计算方法。因此，关键是要掌握各种成本计算方法的适用范围，才能结合企业的实际情况选择合适的方法，做到学以致用。

【问题与思考】

在我们周围有各种类型的工业企业，你能否结合它们的生产特点选择适合它们的成本计算方法？请举例说明。

同步测试题

一、单项选择题

1. 分批法的主要特点是(　　)。
A. 以产品批别为成本计算对象
B. 生产费用不需要在批内完工产品与在产品之间进行分配
C. 费用归集与分配比较简便
D. 成本计算期长

2. 成本计算的基本方法和辅助方法之间的划分标准是(　　)。
A. 成本计算工作的繁简
B. 对于计算产品实际成本是否必不可少
C. 对成本管理作用的大小
D. 成本计算是否及时

3. 区分品种法和分批法的主要标志是(　　)。
A. 成本计算期
B. 间接费用的分配方法
C. 产品成本计算对象
D. 完工产品与在产品之间分配费用的方法

4. 生产特点和管理要求对产品成本计算的影响主要表现在(　　)上。
A. 完工产品和月末在产品之间分配费用方法的确定
B. 成本计算对象的确定
C. 成本计算程序的确定
D. 成本计算期的确定

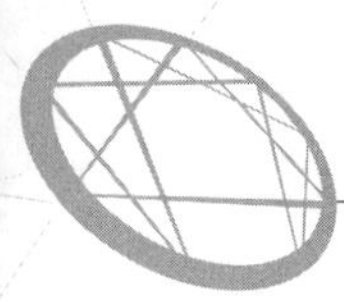

5. 在大量大批多步骤生产的情况下，如果管理上不要求分步骤计算产品成本，其所采用的成本计算方法应是(　　)。

A. 品种法　　B. 分类法
C. 分步法　　D. 分批法

6. 下列方法中，属于产品成本计算辅助方法的是(　　)。

A. 品种法　　B. 分类法
C. 分步法　　D. 分批法

7. 品种法适用的生产组织形式是(　　)。

A. 大量大批单步骤　　B. 大量大批多步骤
C. 小批单件单步骤　　D. 小批单价多步骤

8. 分批法适用的生产组织形式是(　　)。

A. 大量大批单步骤　　B. 大量大批多步骤
C. 小批单件单步骤　　D. 小批单价多步骤

9. 分步法适用的生产组织形式是(　　)。

A. 大量大批单步骤
B. 小批单件单步骤
C. 大量大批多步骤，且管理上不要求分步骤核算
D. 大量大批多步骤，且管理上要求分步骤核算

二、多项选择题

1. 在确定产品成本计算方法时，应适应(　　)。

A. 企业生产组织特点　　B. 企业生产产品种类多少
C. 企业工艺过程特点　　D. 月末是否有在产品
E. 成本管理要求

2. 成本计算的基本方法有(　　)。

A. 定额法　　B. 分步法
C. 分类法　　D. 分批法
E. 品种法

3. 成本计算的辅助方法有(　　)。

A. 定额法　　B. 分步法
C. 分类法　　D. 分批法
E. 品种法

4. 品种法适用于(　　)。

A. 大量大批单步骤生产　　B. 小批生产
C. 要求分步计算成本的多步骤生产　　D. 单件生产
E. 管理上不要求分步骤计算成本的多步骤生产

5. 将分类法和定额法归为产品计算的辅助方法，是因为这两种方法(　　)。

A. 与生产类型特点没有直接的联系
B. 不需要与成本计算的基本方法结合使用
C. 对于成本管理并不重要
D. 不是计算产品实际成本必不可少的方法
E. 必须与成本计算的基本方法结合使用

6. 大量大批生产的企业，可能采用的产品成本计算的基本方法有(　　)。

A. 品种法　　B. 分批法
C. 分步法　　D. 定额法
E. 分类法

三、判断题

1. 在生产工艺采用多步骤生产的企业，都要求按照生产步骤分步计算成本。　　(　　)
2. 大量大批多步骤生产的企业均应采用分步法计算产品成本。　　(　　)
3. 产品成本计算的基本方法是以产品计算对象为标志来确定的。　　(　　)

4. 产品成本计算的基本方法可以在成本计算中单独使用，也可以结合使用。（　　）
5. 产品成本计算的辅助方法可以在成本计算中单独使用，也可以结合使用。（　　）
6. 产品成本计算的基本方法，有品种法、分批法和分类法。（　　）
7. 品种法只适用于大量大批的单步骤生产。（　　）
8. 分批法是不分步只分批计算产品成本的方法。（　　）
9. 分步法是不分批只分步计算产品成本的方法。（　　）

第9章
品种法

【品种法】

【第9章参考素材】

【学习目标】

（1）了解品种法的特点。
（2）理解品种法的适用范围。
（3）掌握品种法的计算程序，会在实际工作中运用品种法进行成本计算。

【思维导图】

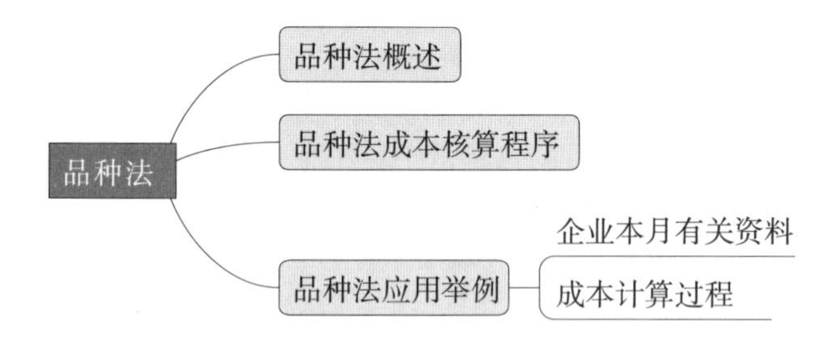

【案例导入】

会计专业学生小王正在学习成本会计这门课程。学完成本计算的品种法后，小王突然说："这不就是把前面几章的内容结合起来，最终计算出产品成本的方法吗？"当你学完本章后，你是否会有这样的感觉？当你学完其他方法后，你能看出这些成本计算方法有什么区别？

9.1　品种法概述

产品成本计算的品种法，是按照产品品种计算产品成本的一种方法，主要适用于大量、大批的单步骤生产，如发电、采掘等生产。在大量、大批多步骤生产中，如果企业或车间的规模较小，或者车间是封闭式的，或者生产是按流水线组织的，管理上不要求按照步骤计算产品成本，也可以采用品种法计算产品成本，如小型水泥厂、织布厂等。此外，辅助车间的供水、供气、供电等的生产也可以采用品种法。

品种法的特点是：不需要按照产品批别计算产品成本，也不需要按照产品生产步骤计算产品成本，只要求按照产品品种计算产品成本。简言之，不分批、不分步，只分品种。

9.2　品种法成本核算程序

采用品种法计算产品成本，成本计算对象就是产品的品种，需要为每种产品设立产品成本明细账。在生产过程中，只为生产一种产品发生的费用为直接计入费用，可以直接计入该种产品成本明细账；在生产过程中，为生产多种产品发生的费用则为间接计入费用，需要按照一定的方法进行分配之后，才能计入各个产品的成本明细账。

按照前述方法归集生产费用之后，根据月末是否有在产品，采用不同的方法计算本月完工产品成本。如果月末没有在产品，那么产品成本明细账中归集的全部生产费用都是本月完工产品的成本；如果月末没有完工产品，那么产品成本明细账中归集的全部生产费用都是月末在产品的成本；如果月末既有完工产品又有在产品，那么产品成本明细账中归集的全部生产费用就需要按照一定的方法在完工产品和月末在产品间直接进行分配。

品种法的成本计算程序，即第 3 章至第 7 章内容的集合，如图 9.1 所示。

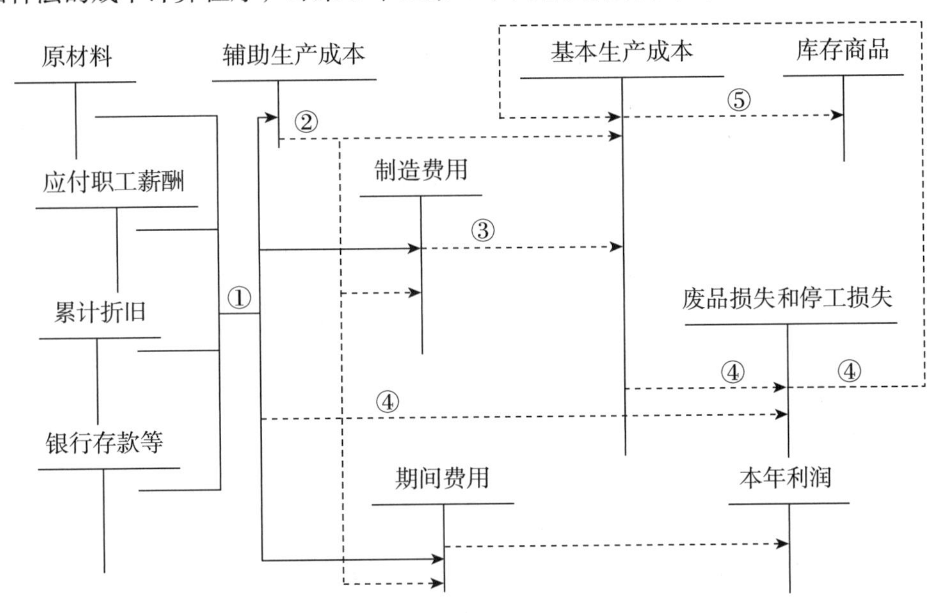

注：① 第 3 章内容；②第 4 章内容；③第 5 章内容；④第 6 章内容；⑤第 7 章内容

图 9.1　品种法的成本计算程序

所有产品成本计算方法的计算程序都类似于此。但需要注意的是，在图 9.1 中，辅助生产车间间接生产费用不通过“制造费用”账户核算。

9.3　品种法应用举例

9.3.1　企业本月有关资料

绿源食品有限公司（虚拟企业）是一家以生产休闲食品为主的企业，设有膨化车间和坚果车间两个基本生产车间。膨化车间主要生产糯米饼和黑米饼等产品，坚果车间主要生产袋装花生和袋装瓜子等产品。

该企业设有供水、供电两个辅助生产车间，为基本生产车间和其他部门提供纯净水和电力服务。

绿源食品有限公司设立了采购部、仓管部（下设材料仓库、成品仓库和备品备件仓库）、研发部、质检部、财务部、人力资源部和总经办等管理部门及专设销售机构——销售部，如图9.2所示。

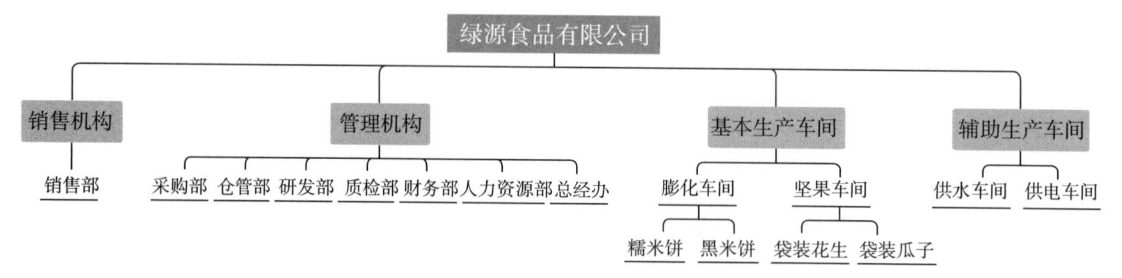

图9.2 绿源食品有限公司组织结构图

生产情况：20××年6月，根据工时记录累计，膨化车间糯米饼的实际生产工时为22500小时，黑米饼的实际生产工时为17500小时；坚果车间袋装花生的实际生产工时为20000小时，袋装瓜子的实际生产工时为18790.4小时。糯米饼本月投产90万袋，本月末有2万袋在产品，原材料在生产开始时一次全部投入，加工率90%；黑米饼本月投产70万袋，月末全部完工；袋装花生本月投产60万袋，月末全部完工；袋装瓜子本月投产40万袋，月末全部完工。

核算要求：该企业生产属于大量大批单步骤生产，应采用品种法核算。请计算上述产品的总成本及单位产品成本。

特别提示：为简化核算，各产品用料只列出主要材料。同时，假设本月初没有在产品。

9.3.2 成本计算过程

1. 分配材料费用

要求根据材料发料凭证汇总表填制材料耗费分配表，并根据材料耗费分配表填制记账凭证。相关资料见表9–1至表9–4。

表9–1 材料发料凭证汇总表

20××年6月

领料单位	材料名称	用途	单位	数量	单价/元	金额/元
膨化车间	糯米	糯米饼	千克	18000	10.00	180000.00
膨化车间	糯米饼包装袋	糯米饼	个	900500	0.20	180100.00
膨化车间	黑米	黑米饼	千克	14000	12.00	168000.00
膨化车间	黑米饼包装袋	黑米饼	个	700300	0.20	140060.00
膨化车间	白糖	糯米饼、黑米饼	千克	1600	10.00	16000.00
膨化车间	墨水	膨化车间办公室用	箱	4	300.00	1200.00
坚果车间	花生	袋装花生	千克	10000	11.00	110000.00
坚果车间	花生袋	袋装花生	个	600100	0.20	120020.00
坚果车间	瓜子	袋装瓜子	吨	2000	20.00	40000.00
坚果车间	瓜子袋	袋装瓜子	个	400100	0.20	80020.00

续表

领料单位	材料名称	用途	单位	数量	单价 / 元	金额 / 元
坚果车间	食盐	袋装花生、袋装瓜子	千克	1000	10.00	10000.00
坚果车间	墨水	坚果车间办公室用	箱	3	300.00	900.00
供电车间	打印纸	供电车间办公室用	盒	3	20.00	60.00
供电车间	脱硫剂	生产用	千克	500	4.00	2000.00
供水车间	滤料	生产用	千克	2000	10.00	20000.00
供水车间	打印纸	供水车间办公室用	盒	3	20.00	60.00
销售部	打印纸	广告用	盒	2	20.00	40.00
总经办	打印纸	管理用	盒	10	20.00	200.00
合计						1068660.00

财务主管：刘 × ×　　审核：任 × ×　　填制：苏 × ×　　审核：曹 × ×

表 9-2　材料耗费分配表

20× × 年 6 月

应借科目		成本或费用项目	直接计入 / 元	分配计入			合计 / 元
				产品产量 / 万袋	分配率	分配金额 / 元	
基本生产成本	糯米饼	直接材料	360100.00	90.00		9000.00	369100.00
	黑米饼	直接材料	308060.00	70.00		7000.00	315060.00
	小计		668160.00	160.00	100.00	16000.00	684160.00
	袋装花生	直接材料	230020.00	60.00		6000.00	236020.00
	袋装瓜子	直接材料	120020.00	40.00		4000.00	124020.00
	小计		350040.00	100.00	100.00	10000.00	360040.00
制造费用	膨化车间	机物料消耗	1200.00				1200.00
	坚果车间	机物料消耗	900.00				900.00
	小计		2100.00				2100.00
辅助生产成本	供电车间	物料消耗	2060.00				2060.00
	供水车间	物料消耗	20060.00				20060.00
	小计		22120.00				22120.00
销售费用		广告费	40.00				40.00
管理费用		办公费	200.00				200.00
合计			1042660.00			26000.00	1068660.00

财务主管：刘 × ×　　记账：王 × ×　　审核：任 × ×　　填制：蒋 × ×

表 9–3　记账凭证

20××年6月30日　　　　第100　1/2号

摘要	总账科目	明细科目	借方金额									贷方金额								
			百	十	万	千	百	十	元	角	分	百	十	万	千	百	十	元	角	分
分配材料耗费	基本生产成本	糯米饼		3	6	9	1	0	0	0	0									
	基本生产成本	黑米饼		3	1	5	0	6	0	0	0									
	基本生产成本	袋装花生		2	3	6	0	2	0	0	0									
	基本生产成本	袋装瓜子		1	2	4	0	2	0	0	0									
	制造费用	膨化车间				1	2	0	0	0	0									
	制造费用	坚果车间					9	0	0	0	0									
合计																				

附单据1张

财务主管：刘××　　记账：项××　　审核：任××　　填制：贾××

表 9–4　记账凭证

20××年6月30日　　　　第100　2/2号

摘要	总账科目	明细科目	借方金额									贷方金额								
			百	十	万	千	百	十	元	角	分	百	十	万	千	百	十	元	角	分
分配材料耗费	辅助生产成本	供电车间				2	0	6	0	0	0									
	辅助生产成本	供水车间			2	0	0	6	0	0	0									
	销售费用							4	0	0	0									
	管理费用						2	0	0	0	0									
	原材料											1	0	6	8	6	6	0	0	0
合计			1	0	6	8	6	6	0	0	0	1	0	6	8	6	6	0	0	0

附单据1张

财务主管：刘××　　记账：项××　　审核：任××　　填制：贾××

2. 分配燃料费用

要求根据燃料发料凭证汇总表自己填制燃料耗费分配表，并根据燃料耗费分配表填制记账凭证。相关资料见表 9–5 至表 9–7。

表 9–5　燃料发料凭证汇总表

20××年6月

领料单位	燃料名称	用途	单位	数量	单价 / 元	金额 / 元
供电车间	无烟煤	生产	吨	40	800	32000
管理部门	无烟煤	茶炉等	吨	2	800	1600
合计						33600

财务主管：刘××　　记账：项××　　审核：任××　　填制：魏××

表 9–6　燃料耗费分配表

绿源食品有限公司　　　　　　20×× 年 6 月　　　　　　单位：元

应借科目		成本或费用项目	直接计入	分配计入			合计
				定额费用	分配率	分配金额	
辅助生产成本	供电车间	燃料	32000.00				32000.00
管理费用		其他	1600.00				1600.00
合计			33600.00				33600.00

财务主管：刘 ××　　记账：李 ××　　审核：任 ××　　填制：王 ××

表 9–7　记账凭证

20×× 年 6 月 30 日　　　　　　第 101 号

摘要	总账科目	明细科目	借方金额									贷方金额								
			百	十	万	千	百	十	元	角	分	百	十	万	千	百	十	元	角	分
分配燃料耗费	辅助生产成本	供电车间			3	2	0	0	0	0	0									
	管理费用	其他				1	6	0	0	0	0									
	原材料	辅助材料——燃料												3	3	6	0	0	0	0
合计				¥	3	3	6	0	0	0	0		¥	3	3	6	0	0	0	0

附单据 1 张

财务主管：刘 ××　　记账：项 ××　　审核：任 ××　　填制：王 ××

3. 分配外购动力费用

要求根据部门用电清单自己编制外购动力费用分配表，并根据外购动力费用分配表填制记账凭证。相关资料见表 9–8 至表 9–10。

表 9–8　部门用电清单

20×× 年 6 月

用电单位	用途	用电量 / 千瓦·时	单价 /（元 / 千瓦·时）	合计 / 元
供电车间	生产用	40000	1.00	40000.00
供电车间	管理用	1680	1.00	1680.00
供水车间	生产用	20000	1.00	20000.00
供水车间	管理用	800	1.00	800.00
销售部	照明等	260	1.00	260.00
人事部	照明等	500	1.00	500.00
研发部	照明等	300	1.00	300.00
财会部	照明等	400	1.00	400.00
仓管部	照明等	800	1.00	800.00
采购部	照明等	800	1.00	800.00
质检部	照明等	200	1.00	200.00
总经办	照明等	270	1.00	270.00
合计		66010	1.00	66010.00

配电室主管：鲍 ××　　抄表员：伊 ××　　审核：任 ××　　填制：张 ××

表 9–9　外购动力耗费分配表

绿源食品有限公司　　20××年6月　　单位：元

应借科目		成本或费用项目	直接计入	间接计入			合计
				分配标准	分配率	分配金额	
辅助生产成本	供电车间	水电费	41680.00				41680.00
辅助生产成本	供水车间	水电费	20800.00				20800.00
销售费用		水电费	260.00				260.00
管理费用		水电费	3270.00				3270.00
合计			66010.00				66010.00

财务主管：刘××　　记账：李××　　审核：任××　　填制：赵××

表 9–10　记账凭证

20××年6月30日　　第102号

摘要	总账科目	明细科目	借方金额									贷方金额								
			百	十	万	千	百	十	元	角	分	百	十	万	千	百	十	元	角	分
分配外购电力	辅助生产成本	供电车间			4	1	6	8	0	0	0									
	辅助生产成本	供水车间			2	0	8	0	0	0	0									
	销售费用	水电费					2	6	0	0	0									
	管理费用	水电费				3	2	7	0	0	0									
	应付账款	电力公司												6	6	0	1	0	0	0
合计				¥	6	6	0	1	0	0	0		¥	6	6	0	1	0	0	0

附单据1张

财务主管：刘××　　记账：项××　　审核：任××　　填制：王××

4. 分配职工薪酬

要求根据职工薪酬结算汇总表自己编制职工薪酬耗费分配表，并根据职工薪酬耗费分配表填制记账凭证。相关资料见表 9–11 至表 9–14。

表 9-11　职工薪酬明细表

绿源食品有限公司　　　　20×× 年 6 月　　　　单位：元

序号	姓名	应发工资						社保费					公积金	职工薪酬合计
		工资明细			扣款明细		小计	养老金	失业金	医疗保险费	工伤保险	小计		
		基本工资	效益工资	通信费	病假	事假								
								14%	2%	12.70%	0.5%	29.20%	10%	
董事长	王 ××	3000	1700	300			5000	700	100	635	25	1460	500	6960
总经理	李 ××	2800	1400	300			4500	630	90	571.5	22.5	1314	450	6264
总经办主任	赵 ××	2000	1300	200			3500	490	70	444.5	17.5	1022	350	4872
财务部	刘 ××	2000	1300	200			3500	490	70	444.5	17.5	1022	350	4872
财务部	任 ××	2000	1400	200		100	3500	490	70	444.5	17.5	1022	350	4872
研发部	孙 ××	2000	1300	200			3500	490	70	444.5	17.5	1022	350	4872
质检部	王 ××	1000	1000	100			2100	294	42	266.7	10.5	613.2	210	2923.2
人力部	朱 ××	1200	1200	100			2500	350	50	317.5	12.5	730	250	3480
仓管部	苏 ××	1000	1100	100			2200	308	44	279.4	11	642.4	220	3062.4
仓管部	王 ××	2000	1800	200			4000	560	80	508	20	1168	400	5568
采购部	张 ××	1200	1100	100			2400	336	48	304.8	12	700.8	240	3340.8
采购部	马 ××	1200	1100	100			2400	336	48	304.8	12	700.8	240	3340.8
小计							39100	5474	782	4965.7	195.5	11417.2	3910	54427.2
销售部经理	方 ××	2000	1800	200			4000	560	80	508	20	1168	400	5568
销售部	陈 ××	1200	1200	100			2500	350	50	317.5	12.5	730	250	3480
销售部	张 ××	1200	1200	100			2500	350	50	317.5	12.5	730	250	3480
销售部	林 ××	1200	1200	100			2500	350	50	317.5	12.5	730	250	3480
小计							11500	1610	230	1460.5	57.5	3358	1150	16008
供水车间主任	张 ××	1200	800				2000	280	40	254	10	584	200	2784
供水车间	王 ××	1200	800				2000	280	40	254	10	584	200	2784
供水车间	程 ××	1200	800				2000	280	40	254	10	584	200	2784
小计							6000	840	120	762	30	1752	600	8352
供电车间主任	张 ××	1200	800				2000	280	40	254	10	584	200	2784
供电车间	王 ××	1200	800				2000	280	40	254	10	584	200	2784
供电车间	程 ××	1200	800				2000	280	40	254	10	584	200	2784

续表

序号	姓名	应发工资						社保费					公积金	职工薪酬合计
		工资明细			扣款明细		小计	养老金	失业金	医疗保险费	工伤保险	小计		
		基本工资	效益工资	通信费	病假	事假								
供电车间	张××	1200	800				2000	280	40	254	10	584	200	2784
小计							8000	1120	160	1016	40	2336	800	11136
膨化车间														
生产工人	黄××	1100	1100				2200	308	44	279.4	11	642.4	220	3062.4
生产工人	程××	1100	1100				2200	308	44	279.4	11	642.4	220	3062.4
生产工人	李××	1100	1100				2200	308	44	279.4	11	642.4	220	3062.4
生产工人	冉××	1100	1100				2200	308	44	279.4	11	642.4	220	3062.4
生产工人	…	19800	19800				396000	55440	7920	50292	1980	115632	39600	551232
小计							400400	56056	8008	50850.8	2002	116917	40040	557356.8
坚果车间												0		
生产工人	屈××	1100	1100				2200	308	44	279.4	11	642.4	220	3062.4
生产工人	陈××	1100	1100				2200	308	44	279.4	11	642.4	220	3062.4
生产工人	程××	1100	1100				2200	308	44	279.4	11	642.4	220	3062.4
生产工人	叶××	1100	1100				2200	308	44	279.4	11	642.4	220	3062.4
生产工人	…	18700	18700				374000	52360	7480	47498	1870	109208	37400	520608
小计							378400	52976	7568	48056.8	1892	110493	37840	526732.8
膨化车间办公室												0		
车间主任	邵××	1100	1100				2200	308	44	279.4	11	642.4	220	3062.4
核算员	余××	1100	1100				2200	308	44	279.4	11	642.4	220	3062.4
小计							4400	616	88	558.8	22	1284.8	440	6124.8
坚果车间办公室												0		
车间主任	黄××	1100	1100				2200	308	44	279.4	11	642.4	220	3062.4
核算员	程××	1100	1100				2200	308	44	279.4	11	642.4	220	3062.4
小计							4400	616	88	558.8	22	1284.8	440	6124.8
合计							852200	119306	17044	108229.4	4261	248842	85220	1186262.4

表 9-12　职工薪酬耗费分配表

绿源食品有限公司　　　　20×× 年 6 月

应借科目		成本或费用项目	直接计入 / 元	间接计入			合计 / 元
				耗用工时	分配率	分配金额 / 元	
基本生产成本	糯米饼	直接人工		22500.00		313512.75	313512.75
	黑米饼	直接人工		17500.00		243844.05	243844.05
	小计			40000.00	13.9339	557356.80	557356.80
	袋装花生	直接人工		20000.00		271578.00	271578.00
	袋装瓜子	直接人工		18790.40		255154.80	255154.80
	小计			38790.40	13.5789	526732.80	526732.80
制造费用	膨化车间	职工薪酬	6124.80				6124.80
	坚果车间	职工薪酬	6124.80				6124.80
	小计		12249.60				12249.60
辅助生产成本	供电车间	职工薪酬	11136.00				11136.00
	供水车间	职工薪酬	8352.00				8352.00
	小计		19488.00				19488.00
销售费用		职工薪酬	16008.00				16008.00
管理费用		职工薪酬	54427.20				54427.20
合计			102172.80			1084089.60	1186262.40

财务主管：刘 ××　　记账：项 ××　　审核：任 ××　　填制：吴 ××

表 9-13　记账凭证

20×× 年 6 月 30 日　　　　第 103　1/2 号

摘要	总账科目	明细科目	借方金额										贷方金额									
			千	百	十	万	千	百	十	元	角	分	千	百	十	万	千	百	十	元	角	分
分配职工薪酬	基本生产成本	糯米饼			3	1	3	5	1	2	7	5										
	基本生产成本	黑米饼			2	4	3	8	4	4	0	5										
	基本生产成本	袋装花生			2	7	1	5	7	8	0	0										
	基本生产成本	袋装瓜子			2	5	5	1	5	4	8	0										
	制造费用	膨化车间					6	1	2	4	8	0										
	制造费用	坚果车间					6	1	2	4	8	0										
合计																						

附单据 1 张

财务主管：刘 ××　　记账：项 ××　　审核：任 ××　　填制：王 ××

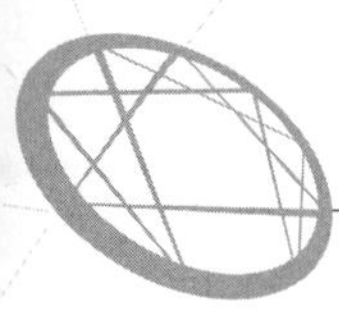

表 9–14　记账凭证

20×× 年 6 月 30 日　　　　第 103　2/2 号

摘要	总账科目	明细科目	借方金额										贷方金额									
			千	百	十	万	千	百	十	元	角	分	千	百	十	万	千	百	十	元	角	分
	辅助生产成本	供电车间				1	1	1	3	6	0	0										
	辅助生产成本	供水车间					8	3	5	2	0	0										
	销售费用					1	6	0	0	8	0	0										
	管理费用					5	4	4	2	7	2	0										
	应付职工薪酬													1	1	8	6	2	6	2	4	0
合计			¥	1	1	8	6	2	6	2	4	0	¥	1	1	8	6	2	6	2	4	0

附单据 1 张

财务主管：刘 ××　　记账：项 ××　　审核：任 ××　　填制：王 ××

5. 分配折旧费

要求根据折旧费计算表编制折旧费用分配表，并根据折旧费用分配表填制记账凭证。相关资料见表 9–15 至表 9–18。

表 9–15　固定资产折旧费计算表

20×× 年 6 月　　　　单位：元

使用部门	固定资产项目	5 月折旧额	5 月增加固定资产		5 月减少固定资产		6 月折旧额
			原值	折旧额	原值	折旧额	
膨化车间	厂房	200000.00	—	—	—	—	200000.00
	机器设备	6391.00	460000.00	4600.00	300000.00	1500.00	9491.00
	小计	206391.00	460000.00	4600.00	300000.00	1500.00	209491.00
坚果车间	厂房	200000.00	—	—	—	—	200000.00
	机器设备	7590.00	500000.00	5000.00	—	—	12590.00
	小计	207590.00	500000.00	5000.00			212590.00
供电车间	厂房	2860.00	68000.00	340.00	—	—	3200.00
	机器设备	3520.00	66000.00	660.00	—	—	4180.00
	小计	6380.00	134000.00	1000.00			7380.00
供水车间	厂房	2420.00	—	—	—	—	2420.00
	机器设备	5060.00	—	—	—	—	5060.00
	小计	7480.00					7480.00

续表

使用部门	固定资产项目	5 月折旧额	5 月增加固定资产		5 月减少固定资产		6 月折旧额
			原值	折旧额	原值	折旧额	
销售部	房屋	605.00	—	—	—	—	605.00
	管理设备	715.00	31000.00	310.00	—	—	1025.00
	小计	1320.00	31000.00	310.00			1630.00
厂部	房屋	6160.00	88000.00	440.00	—	—	6600.00
	管理设备	5060.00	97000.00	970.00	—	—	6030.00
	汽车	2860.00	280000.00	2800.00	—	—	5660.00
	小计	14080.00	465000.00	4210.00			18290.00
合计		443241.00	1502000.00	15120.00	300000.00	1500.00	456861.00

表 9–16　折旧费分配表

20×× 年 6 月

应借科目		成本或费用项目	金额								
			百	十	万	千	百	十	元	角	分
制造费用	膨化车间	折旧费		2	0	9	4	9	1	0	0
	坚果车间	折旧费		2	1	2	5	9	0	0	0
辅助生产成本	供电车间	折旧费				7	3	8	0	0	0
	供水车间	折旧费				7	4	8	0	0	0
销售费用		折旧费				1	6	3	0	0	0
管理费用		折旧费			1	8	2	9	0	0	0
合计			¥	4	5	6	8	6	1	0	0

财务主管：刘 ××　　记账：项 ××　　审核：任 ××　　填制：于 ××

表 9–17　记账凭证

20×× 年 6 月 30 日　　第 104　1/2 号

摘要	总账科目	明细科目	借方金额									贷方金额								
			百	十	万	千	百	十	元	角	分	百	十	万	千	百	十	元	角	分
分配折旧费	制造费用	膨化车间		2	0	9	4	9	1	0	0									
	制造费用	坚果车间		2	1	2	5	9	0	0	0									
	辅助生产成本	供电车间				7	3	8	0	0	0									
	辅助生产成本	供水车间				7	4	8	0	0	0									
	销售费用					1	6	3	0	0	0									
	管理费用				1	8	2	9	0	0	0									
合计																				

附单据 1 张

财务主管：刘 ××　　记账：项 ××　　审核：任 ××　　填制：王 ××

表 9–18　记账凭证

20××年 6 月 30 日　　　　第 104　2/2 号

摘要	总账科目	明细科目	借方金额									贷方金额								
			百	十	万	千	百	十	元	角	分	百	十	万	千	百	十	元	角	分
分配折旧费	累计折旧												4	5	6	8	6	1	0	0
合计			¥	4	5	6	8	6	1	0	0	¥	4	5	6	8	6	1	0	0

附单据 1 张

财务主管：刘××　　记账：项××　　审核：任××　　填制：王××

6. 分配利息、税金及其他费用

要求根据货币支出明细表填制记账凭证。相关资料见表 9–19 至表 9–21。

表 9–19　货币支出明细表

20××年 6 月　　　　单位：元

部门或用途	金额							
	办公费	差旅费	利息	水电费	招待费	劳保费	其他	合计
膨化车间	2000	160	—	2300		4450	1170	10080
坚果车间	1000	1100	—	2100	—	4280	650	9130
供电车间	3320	50	—	2300	—	200	320	6190
供水车间	2430	80	—	28600		400	654	32164
销售部	4600	560	—	360		—	536	6056
厂部	19000	6200	500	5360	9868	4500	9400	54828
合计	32350	8150	500	41020	9868	13830	12730	118448

表 9–20　记账凭证

20××年 6 月 30 日　　　　第 105　1/2 号

摘要	总账科目	明细科目	借方金额									贷方金额								
			百	十	万	千	百	十	元	角	分	百	十	万	千	百	十	元	角	分
分配其他费用	制造费用	膨化车间			1	0	0	8	0	0	0									
	制造费用	坚果车间				9	1	3	0	0	0									
	辅助生产成本	供电车间				6	1	9	0	0	0									
	辅助生产成本	供水车间			3	2	1	6	4	0	0									
	销售费用					6	0	5	6	0	0									
	管理费用				5	4	3	2	8	0	0									
合计																				

附单据 1 张

财务主管：刘××　　记账：项××　　审核：任××　　填制：王××

表 9-21 记账凭证

20×× 年 6 月 30 日　　　　第 105 2/2 号

摘要	总账科目	明细科目	借方金额									贷方金额								
			百	十	万	千	百	十	元	角	分	百	十	万	千	百	十	元	角	分
分配其他费用	财务费用						5	0	0	0	0									
	银行存款												1	1	8	4	4	8	0	0
合计			¥	1	1	8	4	4	8	0	0	¥	1	1	8	4	4	8	0	0

附单据 1 张

财务主管：刘 ×× 　记账：项 ×× 　审核：任 ×× 　填制：王 ××

7. 归集与分配辅助生产成本

编制辅助生产成本分配表并填制记账凭证。相关资料见表 9-22 至表 9-27。

表 9-22 辅助生产产品劳务供应表

20×× 年 6 月

接受产品、劳务部门		供电 / 千瓦·时	供水 / 升
膨化车间	生产耗用	100000	40000
	一般耗用	3000	—
坚果车间	生产耗用	80000	30000
	一般耗用	3500	—
供电车间	生产及一般耗用	—	200
供水车间	生产及一般耗用	1000	—
销售部门		3500	—
厂部		6000	2000
合计		197000	72200

主管：王 ×× 　审核：任 ×× 　制表：万 ××

表 9-23 辅助生产成本分配表

20×× 年 6 月　　　　单位：元

辅助生产车间名称			供电车间	供水车间	金额合计
待分配费用			100446.00	88856.00	189302.00
辅助生产以外各部门受益劳务数量			196000.00	72000.00	—
耗费分配率（单位成本）			0.5125	1.2341	—
膨化车间耗用	借“基本生产成本”账户（糯米饼、黑米饼合计）	数量	100000.00	40000.00	—
		金额	51250.00	49364.00	100614.00
	借“制造费用——膨化车间”账户	数量	3000.00	0.00	—
		金额	1537.50	0.00	1537.50

续表

辅助生产车间名称			供电车间	供水车间	金额合计
坚果车间耗用	借“基本生产成本”账户	数量	80000.00	30000.00	—
		金额	41000.00	37023.00	78023.00
	借“制造费用——坚果车间”账户	数量	3500.00	0.00	—
		金额	1793.75	0.00	1793.75
销售耗用	借“销售费用”账户	数量	3500.00	0.00	—
		金额	1793.75	0.00	1793.75
厂部耗用	借“管理费用”账户	数量	6000.00	2000.00	—
		金额	3071.00	2469.00	5540.00
合计			100446.00	88856.00	189302.00

主管：王 ×× 审核：李 ×× 制表：万 ××

表 9–24 膨化车间自制动力耗费分配表

20×× 年 6 月

总账科目	明细科目	实际生产工时 / 小时	分配率	分配金额 / 元
基本生产成本	糯米饼	22500.00		56596.50
	黑米饼	17500.00		44017.50
合计		40000.00	2.5154	100614.00

主管：王 ×× 审核：李 ×× 制表：万 ××

表 9–25 坚果车间自制动力耗费分配表

20×× 年 6 月

总账科目	明细科目	实际生产工时 / 小时	分配率	分配金额 / 元
基本生产成本	袋装花生	20000.00		40228.00
	袋装瓜子	18790.40		37795.00
合计		38790.40	2.0114	78023.00

主管：王 ×× 审核：李 ×× 制表：万 ××

表 9–26 记账凭证

20×× 年 6 月 30 日 第 106 1/2 号

摘要	总账科目	明细科目	借方金额									贷方金额								
			百	十	万	千	百	十	元	角	分	百	十	万	千	百	十	元	角	分
分配自制动力	基本生产成本	糯米饼			5	6	5	9	6	5	0									
	基本生产成本	黑米饼			4	4	0	1	7	5	0									
	基本生产成本	袋装花生			4	0	2	2	8	0	0									
	基本生产成本	袋装瓜子			3	7	7	9	5	0	0									
	制造费用	膨化车间				1	5	3	7	5	0									
	制造费用	坚果车间				1	7	9	3	7	5									
合计																				

附单据 1 张

财务主管：刘 ×× 记账：项 ×× 审核：任 ×× 填制：王 ××

表 9–27 记账凭证

20×× 年 6 月 30 日　　　　第 106 2/2 号

摘要	总账科目	明细科目	借方金额									贷方金额								
			百	十	万	千	百	十	元	角	分	百	十	万	千	百	十	元	角	分
分配自制动力	销售费用					1	7	9	3	7	5									
	管理费用					5	5	4	0	0	0									
	辅助生产成本	供电车间											1	0	0	4	4	6	0	0
	辅助生产成本	供水车间												8	8	8	5	6	0	0
合计			¥	1	8	9	3	0	2	0	0	¥	1	8	9	3	0	2	0	0

附单据 1 张

财务主管：刘 ××　　记账：项 ××　　审核：任 ××　　填制：王 ××

【问题与思考】

辅助生产成本的分配还有其他 4 种方法，请采用其他方法对辅助生产成本进行分配。

8. 归集和分配制造费用

编制制造费用分配表并填制记账凭证。相关资料见表 9–28 至表 9–31。

表 9–28 制造费用分配表

车间：膨化车间　　20×× 年 6 月　　单位：元

应借科目	费用项目	生产工时 / 小时	分配率	分配金额 / 元
基本生产成本	糯米饼	22500.00		128493.00
	黑米饼	17500.00		99940.30
合计		40000.00	5.710800	228433.30

主管：王 ××　　审核：王 ××　　制表：王 ××

表 9–29 制造费用分配表

车间：坚果车间　　20×× 年 6 月　　单位：元

应借科目	费用项目	生产工时 / 小时	分配率	分配金额 / 元
基本生产成本	袋装花生	20000.00		118864.00
	袋装瓜子	18790.40		111674.55
合计		38790.40	5.943200	230538.55

主管：王 ××　　审核：王 ××　　制表：王 ××

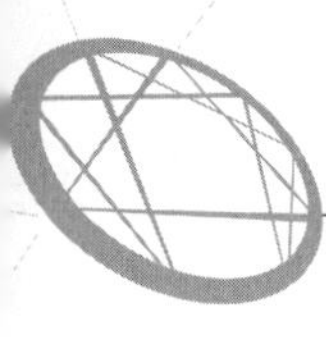

表 9–30　记账凭证

20××年6月30日　　　　　　　　第107号

摘要	总账科目	明细科目	借方金额									贷方金额								
			百	十	万	千	百	十	元	角	分	百	十	万	千	百	十	元	角	分
分配制膨化车间制造费用	基本生产成本	糯米饼		1	2	8	4	9	3	0	0									
	基本生产成本	黑米饼			9	9	9	4	0	3	0									
	制造费用	膨化车间											2	2	8	4	3	3	3	0
合计			¥	2	2	8	4	3	3	3	0	¥	2	2	8	4	3	3	3	0

附单据1张

财务主管：刘××　　记账：项××　　审核：任××　　填制：王××

表 9–31　记账凭证

20××年6月30日　　　　　　　　第108号

摘要	总账科目	明细科目	借方金额									贷方金额								
			百	十	万	千	百	十	元	角	分	百	十	万	千	百	十	元	角	分
分配坚果车间制造费用	基本生产成本	袋装花生		1	1	8	8	6	4	0	0									
	基本生产成本	袋装瓜子		1	1	1	6	7	4	5	5									
	制造费用	坚果车间											2	3	0	5	3	8	5	5
合计			¥	2	3	0	5	3	8	5	5	¥	2	3	0	5	3	8	5	5

附单据1张

财务主管：刘××　　记账：项××　　审核：任××　　填制：王××

【问题与思考】

请思考一下，还有其他方法可以分配制造费用吗？假如有，会计人员还需要哪些资料？分配的结果如何改变？

9. 计算并结转完工产品成本

根据产成品入库单编制产品成本计算单和产成品成本汇总表，并填制记账凭证。相关资料见表9–32至表9–38。

表 9–32 产成品入库单

交库单位：膨化车间　　　　20×× 年 6 月 30 日　　　　编号：060301

产品名称	单位	交付数量	检验结果		实收数量
			合格	不合格	
糯米饼	万袋	88	88		88
黑米饼	万袋	70	60		40

车间：刘 ××　　　　质检：王 ××　　　　仓库：田 ××

表 9–33 产成品入库单

交库单位：坚果车间　　　　20×× 年 6 月 30 日　　　　编号：060101

产品名称	单位	交付数量	检验结果		实收数量
			合格	不合格	
袋装花生	万袋	60	60		60
袋装瓜子	万袋	40	40		40

车间：刘 ××　　　　质检：王 ××　　　　仓库：田 ××

表 9–34 完工产品和在产品成本计算单

产品名称：糯米饼　　　　金额单位：元

项目	累计生产费用	生产量（约当总产量）					单位成本	完工产品成本	月末在产品成本
		完工产量	在产品约当产量			合计			
			在产品数量	完工程度	约当产量				
直接材料	369100	880000	20000	100%	20000	900000	0.4101	360888	8212.00
燃料及动力	56596.50	880000	20000	90%	18000	898000	0.0630	55440	1156.50
直接人工	313512.75	880000	20000	90%	18000	898000	0.3491	307208	6304.75
制造费用	128493	880000	20000	90%	18000	898000	0.1431	125928	2565.00
合计	867702.25						0.9653	849464.00	18238.25

财务主管：刘 ××　　　　记账：项 ××　　　　审核：任 ××　　　　填制：王 ××

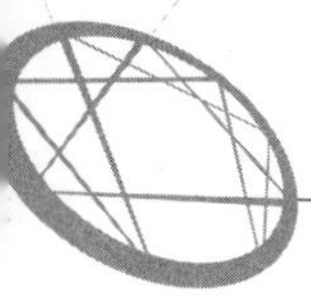

表 9-35　完工产品和在产品成本计算单

产品名称：黑米饼　　金额单位：元

项目	累计生产费用	生产量（约当总产量）					单位成本	完工产品成本	月末在产品成本
		完工产量	在产品约当产量			合计			
			在产品数量	完工程度	约当产量				
直接材料	315060.00	700000	0		0	700000	0.4501	315060.00	
燃料及动力	44017.50	700000	0		0	700000	0.0629	44017.50	
直接人工	243844.05	700000	0		0	700000	0.3483	243844.05	
制造费用	99940.30	700000	0		0	700000	0.1428	99940.30	
合计	702861.85	700000	0		0	700000	1.0041	702861.85	

财务主管：刘 ×× 　记账：项 ×× 　审核：任 ×× 　填制：王 ××

表 9-36　完工产品和在产品成本计算单

产品名称：袋装花生　　金额单位：元

项目	累计生产费用	生产量（约当总产量）					单位成本	完工产品成本	月末在产品成本
		完工产量	在产品约当产量			合计			
			在产品数量	完工程度	约当产量				
直接材料	236020.00	600000	0		0	600000	0.3934	236020.00	
燃料及动力	40228.00	600000	0		0	600000	0.0670	40228.00	
直接人工	271578.00	600000	0		0	600000	0.4526	271578.00	
制造费用	118864.00	600000	0		0	600000	0.1981	118864.00	
合计	666690.00	600000	0		0	600000	1.1111	666690.00	

财务主管：刘 ×× 　记账：项 ×× 　审核：任 ×× 　填制：王 ××

表 9–37　完工产品和在产品成本计算单

产品名称：袋装瓜子　　　　　　　　　　　　　　　　　　　　　　　　　　　　金额单位：元

项目	累计生产费用	生产量（约当总产量）					单位成本	完工产品成本	月末在产品成本
		完工产量	在产品约当产量			合计			
			在产品数量	完工程度	约当产量				
直接材料	124020.00	400000	0		0	400000	0.3101	124020.00	
燃料及动力	37795.00	400000	0		0	400000	0.0945	37795.00	
直接人工	255154.80	400000	0		0	400000	0.6379	255154.80	
制造费用	111674.55	400000	0		0	400000	0.2792	111674.55	
合计	528644.35	400000	0		0	400000	1.3217	528644.35	

财务主管：刘 × ×　　　记账：项 × ×　　　审核：任 × ×　　　填制：王 × ×

表 9–38　产成品成本汇总表

20× × 年 6 月　　　　　　　　　　　　　　　　单位：元

产品名称	直接材料	燃料及动力	直接人工	制造费用	合计
糯米饼	360888.00	55440.00	307208.00	125928.00	849464.00
黑米饼	315060.00	44017.50	243844.05	99940.30	702861.85
袋装花生	236020.00	40228.00	271578.00	118864.00	666690.00
袋装瓜子	124020.00	37795.00	255154.80	111674.55	528644.35
合计	1035988.00	177480.50	1077784.85	456406.85	2747660.20

【问题与思考】

请思考一下，还有其他方法可以在完工产品与在产品之间分配费用吗？假如有，会计人员还需要哪些资料？分配的结果如何改变？

10. 根据记账凭证登记基本生产成本明细账

辅助生产成本、制造费用和期间费用等明细账此处不再赘述。

从上述计算过程可以看出，品种法其实就是第 3 章至第 7 章所讲述的内容。当然，例题中成本计算的过程较为简略，如未涉及废品损失等。

同步测试题

一、多项选择题

品种法适用于(　　)。

A. 大量大批单步骤

B. 小批单件多步骤

C. 大量大批多步骤，管理上不要求分步骤核算

D. 大量大批多步骤，管理上要求分步骤核算

二、判断题

1. 品种法是按照产品品种计算产品成本的方法。（　　）
2. 品种法只适用于大量大批的单步骤生产。（　　）

第 10 章

分批法

【学习目标】

【分批法】

（1）了解分批法的主要特点。
（2）理解分批法的适用范围。
（3）掌握分批法的成本计算。

【思维导图】

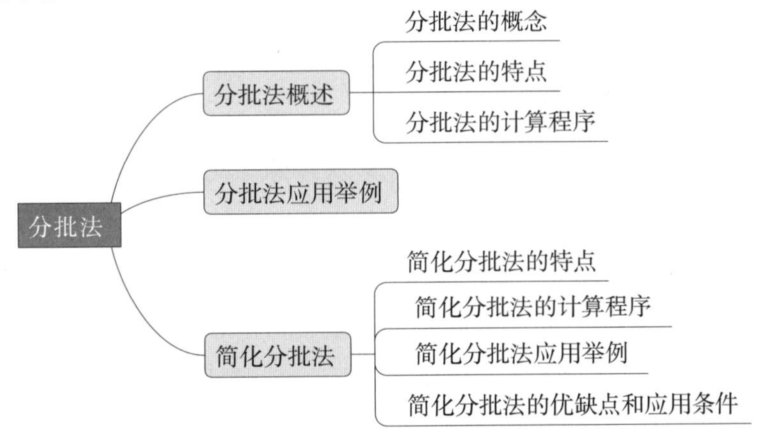

【案例导入】

创意星空服装厂是一家从事T恤衫定制，融设计、服务、生产和销售于一体的现代化服装生产企业，所加工的各类T恤衫根据客户的不同要求，用不同的面料来量身定做。因此，该厂只能按照客户要求组织生产，而不能像别的服装厂大量重复生产。该厂的这一特点决定了它应采用分批法进行成本核算，每批产品作为一个核算对象，分别计算每批产品的直接材料、直接人工、制造费用等。那么，分批法是如何进行核算的？如果采用分批法核算，能否起到简化成本计算的目的？

10.1 分批法概述

10.1.1 分批法的概念

分批法是指以产品的批别作为产品成本核算对象，归集和分配生产成本，计算产品成本的一种方法。这种方法适用于单件、小批的单步骤生产或单件、小批且管理上不要求分步骤计算成本的多步骤生产。例如，分批法可用于根据购买者订单生产的企业，如造船、

重型机器制造、精密仪器制造等；也可用于产品种类经常变动的小规模制造厂，如五金工厂等；还可用于一般企业中的新产品试制或试验的生产、在建工程及设备修理作业等。

10.1.2 分批法的特点

（1）成本核算对象是产品的批别。由于产品的批别大多是根据客户订单确定的，因此分批法又称订单法。在某些情况下，企业不是完全按照客户订单来组织生产，这时分批法的成本核算对象就不是按照客户订单确定的产品批别（外部订单），而是按照生产计划部门下达的生产任务通知单确定的产品批号或生产令号（内部订单）。会计部门根据生产任务通知单设置产品成本明细账，进行成本计算。如果在一张订单中规定的产品不止一种，为了考核和分析各种成本计划的执行情况，还要按照产品品种划分批别来组织生产，计算各批产品成本。

（2）成本计算期与产品的生产周期基本一致，与会计报告期不一致。在分批法下，由于产品成本的计算是与生产任务通知单的签发和结束紧密配合的，每批产品的生产成本总额只有等全部完工后（完工月份的月末）才能最终计算确定，所以完工产品的成本计算周期是不固定的。成本计算期与产品生产周期基本一致，但与会计报告期不一致。

（3）生产费用一般不存在完工产品和在产品之间分配成本的问题。就小批单件生产来说，批内产品一般是同时完工的，月末计算产品成本时，如果产品没有完工，成本明细账所归集的都是在产品成本；如果产品全部完工，则都是完工产品成本。因此，月末就不需计算在产品成本。但在批内产品跨月陆续完工的情况下，月末计算成本时，就需要根据具体条件采用适当的分配方法，在完工产品和在产品之间分配生产成本费用，以计算完工产品成本和月末在产品成本。

10.1.3 分批法的计算程序

1. 按产品批别设置产品基本生产成本明细账

会计部门应根据生产计划部门下达的产品批号，设置产品成本明细账。在明细账中，要列明批号、产品名称、批量等。

2. 根据各生产费用的原始凭证或原始凭证汇总表和其他有关资料，编制各种要素费用分配表，分配各要素费用并登账

在月份内，须将各批次产品的直接计入费用，按批号直接汇总计入各批产品成本明细账内；对于间接计入费用，应按适当的方法分配计入各批别的产品成本明细账。辅助生产费用直接计入或通过制造费用再分配计入各批别产品成本明细账；制造费用先归集、再分配计入各批产品成本明细账。

3. 计算完工产品成本

一般情况下，在小批生产中，由于产品批量小，批内产品一般都能同时完工，或者在相距不久的时间内全部完工。月末，只需根据完工通知单，计算完工批次产品的总成本和单位成本。但如果出现批内产品跨月陆续完工的情况，这时就有必要在完工产品和月末在产品之间分配生产费用，以便计算完工产品成本和月末在产品成本。如果批内产品跨月陆续完工的情况不多，完工产品数量占全部批量的比重小，可采用计划成本法、定额成本法或者最近时期相同产品的实际单位成本对完工产品进行计价等简易方法计算。这样做，主要是为了计算先交货产品的成本。

10.2 分批法应用举例

下面以小批生产的某企业产品成本计算为例，说明产品成本计算的分批法。

【例 10-1】某企业按照购货单位的要求，小批生产甲、乙、丙 3 种产品，采用分批法计算产品成本。基本生产情况如下：

7 月份投产甲产品 10 件，批号为 701，8 月份全部完工；

8 月份投产乙产品 60 件，批号为 801，当月完工 40 件，并已验收入库，还有 20 件尚未完工；

7 月份投产丙产品 20 件，批号为 702，8 月份尚未完工；

直接材料在生产开始时一次性投入，材料费用按完工产品与月末在产品实际数量分配，其他费用均采用约当产量法进行分配（各工序在产品完工程度及数量见表 10-3）。701 批、801 批和 702 批产品成本计算单分别见表 10-1、表 10-2 和表 10-4。

表 10-1　基本生产成本明细账

批号：701　　产品名称：甲产品　　单位：元

开工日期：7 月 15 日　　完工日期：8 月 15 日　　批量：10 件

20×× 年		凭证号数	摘要	直接材料	直接人工	制造费用	合计
月	日						
7	31	略	累计	12000	900	3400	16300
8	31		据材料费用分配表	4600			4600
8	31		据薪酬费用分配表		1700		1700
8	31		据制造费用分配表			8000	8000
			累计	16600	2600	11400	30600
8	31		结转完工产品成本（10 件）	16600	2600	11400	30600
			单位产品成本	1660	260	1140	3060

701 批产品 8 月份全部完工，所以 8 月初在产品生产成本和 8 月份发生的各项生产费用合计即为 8 月份完工产品的成本。

表 10-2　基本生产成本明细账

批号：801　　产品名称：乙产品　　单位：元

开工日期：8 月 5 日　　完工日期：　　批量：60 件

20×× 年		凭证号数	摘要	直接材料	直接人工	制造费用	合计
月	日						
8	31	略	据材料费用分配表	18000			18000
8	31		据薪酬费用分配表		1650		1650
8	31		据制造费用分配表			4800	4800
8	31		费用合计	18000	1650	4800	24450
8	31		约当产量合计	60	50	50	
			完工产品单位产品成本	300	33	96	429
8	31		结转完工产品成本（40 件）	12000	1320	3840	17160
			月末在产品成本	6000	330	960	7290

801 批产品 8 月末有部分产品完工，应采用适当的方法将产品生产成本在完工产品和月末在产品之间进行分配。

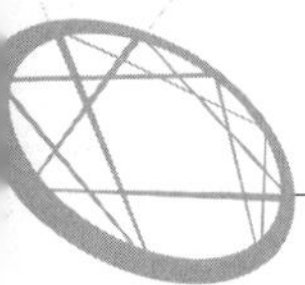

（1）材料成本按完工产品产量和在产品数量作为比例进行分配。

产成品应负担的材料费用 =［18000 ÷（40+20）］× 40=12000（元）

在产品应负担的材料费用 =［18000 ÷（40+20）］× 20=6000（元）

或 =18000－12000=6000（元）

（2）其他生产成本按约当产量比例进行分配。

① 计算 801 批乙产品在产品约当产量，见表 10-3。

表 10-3　乙产品约当产量计算表

工序	完工程度 ①	在产品 / 件		完工产品 / 件 ④	产量合计 / 件 ⑤ = ③ + ④
		②	③ = ① × ②		
1	15%	4	0.6		
2	25%	4	1		
3	70%	12	8.4		
合计	—	20	10	40	50

② 直接人工费用按约当产量法分配。

产成品应负担的直接人工费用 =［1650 ÷（40+10）］× 40=1320（元）

在产品应负担的直接人工费用 =［1650 ÷（40+10）］× 10=330（元）

③ 制造费用按约当产量法分配。

产成品应负担的制造费用 =［4800 ÷（40+10）］× 40=3840（元）

在产品应负担的制造费用 =［4800 ÷（40+10）］× 10=960（元）

将各项成本分配结果计入 801 批乙产品成本计算单（表 10-2）即可计算出乙产品的产品成本和月末在产品成本。

【问题与思考】

在【例 10-1】中，如果生产成本在完工产品和在产品之间的分配不是采用约当产量法，而是采用在产品按定额成本计价法核算，结果会怎样？假定 801 批乙产品的月末在产品成本按定额成本计算，其中直接材料定额单位成本为 290 元，直接人工定额单位成本 17 元，制造费用定额单位成本 50 元。

表 10-4　基本生产成本明细账

批号：702　　产品名称：丙产品　　单位：元

开工日期：7 月 14 日　　完工日期：　　批量：20 件

20×× 年		凭证号数	摘要	直接材料	直接人工	制造费用	合计
月	日						
7	31	略	累计	37950	5680	20450	64080
8	31		据材料费用分配表	73780			73780
8	31		据薪酬费用分配表		9540		9540
8	31		据制造费用分配表			33390	33390
			累计	111730	15220	53840	180790

702 批产品 8 月末全部产品都未完工，不需要结转完工产品成本，也不需要将产品生产成本在完工产品和在产品之间进行分配。

【例 10-1】只列示了 3 批产品成本明细账的格式和金额，其计算程序和计算工作都比较简单，但不能因此得出分批法比品种法简单的结论。实际上，品种法的全部计算程序和各项计算工作，在分批法中都可能进行。

10.3　简化分批法

在小批单件生产的企业中，同一月份内投产的产品批次很多，几十批甚至上百批，且月末未完工的批次也很多，此时各种间接计入费用在各批产品之间分配的工作量很大，因此可采用一种简化的分批法。

【简化分批法 Excel 习题演示】

10.3.1　简化分批法的特点

简化分批法也叫不分批计算在产品成本分批法或累计间接费用分批法。该方法按产品批别设立明细账，但在产品完工之前，账内只需按月登记直接计入费用（如直接材料费用）和生产工时，不必分配间接计入费用，全部产品应负担的间接计入费用，仍以总数反映在基本生产成本二级账中；直到该批产品有产品完工的那个月份，才分配间接计入费用，进而计算、登记该批完工产品的成本。各批全部产品的在产品成本只分成本项目按照总数登记在专设的基本生产成本二级账中，不分批计算在产品成本。

10.3.2　简化分批法的计算程序

1. 按产品批别设立基本生产成本明细账和基本生产成本二级账

各批产品基本生产成本明细账，与基本生产成本二级账平行登记。在各批产品完工之前，基本生产成本明细账登记直接计入费用（如直接材料费用）和生产工时；在基本生产成本二级账中登记全部各批产品发生的生产总工时、直接计入费用、间接计入费用等。

2. 计算间接计入费用分配率

在有完工产品的月份，根据基本生产成本二级账上的累计工时和累计间接计入费用计算分项目的累计间接费用计入分配率，将分配率登记在基本生产成本二级账和基本生产成本明细账上。

全部产品某项累计间接计入费用分配率 =（期初结存该项间接计入费用 + 本月发生该项间接计入费用）÷（期初结存在产品累计工时 + 本月发生工时）

3. 计算完工产品应分配的间接计入费用

根据上述各项累计间接计入费用分配率和各批产品的完工产品生产工时，首先，算出各批别产品的各项间接计入费用，将计算结果在各批产品基本生产成本明细账中进行登记；其次，将所有批次的成本明细账中完工产品的各项间接计入费用汇总，计入基本生产成本二级账的相应成本项目栏；最后，根据各批产品成本明细账中完工产品的直接材料费用和生产工时汇总登记基本生产成本二级账。

某批完工产品应负担的某项间接计入费用 = 该批完工产品累计生产工时 × 全部产品该项累计间接计入费用分配率

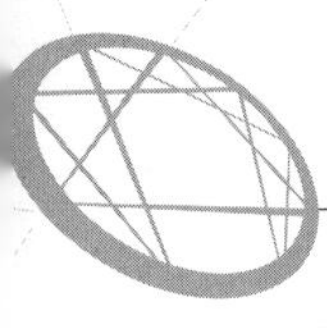

【问题与思考】

采用简化分批法的情况下，影响累计间接计入费用分配率的影响因素是什么？为何要设置“基本生产成本二级账”？

10.3.3 简化分批法应用举例

【例10-2】假定某企业小批生产多种产品，产品批数多。为了简化核算，采用简化分批法计算各批次产品成本。该企业11月份各批产品情况如下所列。

091批号：A产品16件，9月份投产，11月份全部完工；

101批号：B产品20件，10月份投产，11月完工10件，并已交货，完工产品累计工时为26500小时。月末还有10件产品尚未完工；

102批号：C产品16件，10月份投产，11月份尚未完工；

111批号：D产品10件，11月份投产，11月份尚未完工。

（1）基本生产成本二级账的登记。

该企业设立的基本生产成本二级账见表10-5。

该企业的直接材料费用为直接计入费用；该企业采用计时工资制度，因而直接人工费和制造费用为间接计入费用。

表10-5 基本生产成本二级账（各批全部产品总成本）

金额单位：元

20××年		摘要	生产工时/小时	直接材料	直接人工	制造费用	合计
月	日						
10	31	累计	61300	436000	100552	136480	673032
11	30	本月发生额	60300	149440	108600	140768	398808
11	30	累计	121600	585440	209152	277248	1071840
11	30	累计间接计入费用分配率			1.72	2.28	
11	30	结转完工产品成本	76900	333820	132268	175332	641420
		在产品成本	44700	251620	76884	101916	430420

注：

① 月初在产品的生产工时和各项费用系上月末根据上月的生产工时和生产费用资料计算登记；本月发生直接材料费用和生产工时应根据本月各批产品材料费用分配表、生产工时记录，与各批产品基本生产成本明细账平行登记。

② 表中的分配率计算方法。直接人工分配率=209152÷121600=1.72；制造费用分配率=277248÷121600=2.28。

③ 结转完工产品的成本时，完工产品直接材料和生产工时根据有完工产品的基本生产成本明细账（表10-6、表10-7）汇总填列。完工产品的直接人工和制造费用可以根据有完工产品的基本生产成本明细账（表10-6、表10-7）汇总填列，也可以根据账中完工产品生产工时分别乘以各项累计分配率计算登记。

（2）各批产品基本生产明细账的登记。

① 月末全部完工的产品基本生产成本明细账的登记见表 10-6。

表 10-6 基本生产成本明细账

批号：091　　产品名称：A 产品　　金额单位：元

开工日期：9 月 12 日　　完工日期：11 月 28 日　　批量：16 件

20×× 年		凭证号数	摘要	生产工时 / 小时	直接材料	直接人工	制造费用	合计
月	日							
9	30	略	本月发生额	18920	129700			
10	31		本月发生额	11880	73300			
11	30		本月发生额	19600	56400			
11	30		累计数及间接计入费用分配率	50400	259400	1.72	2.28	
11	30		结转完工产品成本（16 件）	50400	259400	86688	114912	461000
8	31		完工产品单位成本		16212.5	5418	7182	28812.5

091 批产品，月末全部完工，因而其累计的直接材料费用和生产工时就是完工产品的直接材料费用和生产工时，以其生产工时（50400）分别乘以表 10-5 中的各项累计间接计入费用分配率，即为完工产品的各项间接计入费用。

② 月末部分完工产品基本生产明细账的登记见表 10-7。

表 10-7 基本生产成本明细账

批号：101　　产品名称：B 产品　　金额单位：元

开工日期：10 月 8 日　　完工日期：　　批量：20 件

20×× 年		凭证号数	摘要	生产工时 / 小时	直接材料	直接人工	制造费用	合计
月	日							
10	31	略	本月发生额	14820	148840			
11	30		本月发生额	18840				
11	30		累计数及间接计入费用分配率	33660	148840	1.72	2.28	
11	30		结转完工产品成本（10 件）	26500	74420	45580	60420	180420
11	30		完工产品单位成本		7442	4558	6042	18042
			月末在产品	7160	74420			

101 批产品，月末部分完工、部分在产，因而应在完工产品和月末在产品之间分配费用。该种产品所耗直接材料系生产开始时一次投入，因而直接材料费用按照完工产品和月末在产品的数量比例分配如下：

产成品应负担的材料费用 =［148840÷（10+10）］×10=74420（元）

在产品应负担的材料费用 =［148840÷（10+10）］×10=74420（元）

直接人工和制造费用要以其完工产品生产工时（26500）分别乘以表 10-5 中的各项累计间接计入费用分配率，即为完工产品的各项间接计入费用。

③ 月末全部未完工产品基本生产明细账的登记见表10-8、表10-9。

表10-8　基本生产成本明细账

批号：102　　　　产品名称：C产品　　　　金额单位：元

开工日期：10月7日　　　　完工日期：　　　　批量：16件

20×× 年		摘要	生产工时/小时	直接材料	直接人工	制造费用	合计
月	日						
10	31	本月发生额	15680	84160			
11	30	本月发生额	8540	17360			

表10-9　基本生产成本明细账

批号：111　　　　产品名称：D产品　　　　金额单位：元

开工日期：11月1日　　　　完工日期：　　　　批量：10件

20×× 年		摘要	生产工时/小时	直接材料	直接人工	制造费用	合计
月	日						
11	30	本月发生额	13320	75680			

在各批产品明细账中，对于没有完工产品的月份，只登记直接材料费用和生产工时。

【问题与思考】

简化分批法能起到简化成本计算的效果吗？什么情况能极大地简化成本计算工作？

10.3.4　简化分批法的优缺点和应用条件

1. 简化分批法的优点

在简化分批法下，间接计入费用只登记在基本生产成本二级账中，各成本明细账平时只需登记直接计入费用和生产工时；在有完工产品的月份，利用累计间接计入费用分配率一次分配完成；可以简化费用的分配和登记工作，从而极大地简化成本计算工作；月末未完工批次越多，简化的程度越大。

2. 简化分批法的缺点

这种方法也有缺点：第一，不能完整提供各批在产品的成本资料；第二，可能影响各月、各批成本计算的准确性。例如，前几个月的间接计入费用水平比较高，本月间接计入费用水平低，而某批产品本月投产、当月完工，却要分配以前月份发生的间接计入费用，就会导致成本出现不应有的偏高。

因此，简化分批法的应用条件是：各个月份的间接计入费用水平相差不多；同一月份投产批数多且月末未完工产品的批数较多。

同步测试题

一、单项选择题

1. 采用简化的分批法，在产品完工之前，各批产品成本明细账（　　）。

A. 不登记任何费用

B. 只登记材料费用
C. 登记间接计入费用，不登记直接计入费用
D. 登记直接计入费用和生产工时，不登记间接计入费用
2. 分批法适用于(　　)。
A. 大批大量多步骤生产
B. 大批大量单步骤生产
C. 大批大量生产
D. 单件小批生产
3. 分批法的特点是(　　)。
A. 按产品订单计算成本
B. 按产品批别计算成本
C. 按照产品品种计算成本
D. 按车间来计算成本
4. 必须设置基本生产成本二级账的成本计算方法是(　　)。
A. 分批法
B. 分步法
C. 品种法
D. 简化分批法
5. 简化分批法适用于(　　)。
A. 各月间接计入费用水平相差不大
B. 月末未完工产品批数多
C. 同一月份投产批数多
D. 同时具备上述3点
6. 对于采用分批法进行生产成本计算，下列说法正确的是(　　)。
A. 不存在完工产品和在产品之间的分配
B. 成本计算期和会计报告期一致
C. 适用于小批、单件、管理上不要求分步骤计算成本的多步骤生产
D. 以上说法全正确
7. 简化分批法与分批法的区别主要表现在(　　)。
A. 不分批计算在产品成本
B. 不进行间接费用的分配
C. 不分批计算在产品成本
D. 不分批核算原材料费用

二、多项选择题

1. 采用分批法计算产品成本时，如果批内产品跨月陆续完工的情况不多，完工产品数量占全部批量的比重很小，完工产品成本的计价可采用(　　)。
A. 实际单位成本
B. 计划单位成本
C. 定额单位成本
D. 近期相同产品的实际单位成本
2. 简化分批法也称为(　　)。
A. 累计间接费用分配法
B. 间接费用分配法
C. 累计分配法
D. 不分批计算在产品成本分批法
3. 分批法的特点有(　　)。
A. 以生产批次作为成本计算对象
B. 产品成本计算期不固定，与会计报告期不一致
C. 一般不需要进行完工产品和在产品之间的分配
D. 不需要计算月末在产品成本

三、判断题

1. 在小批和单件生产中，如果产品的批量根据购买单位的订单确定，则按批、按件计算产品成本，也就是按订单计算产品成本。(　　)
2. 分批法不需要在完工产品和在产品之间分配费用。(　　)
3. 在分批法下，成本计算期与会计报告期一致，而与产品生产周期不一致。(　　)
4. 相比较而言，在简化分批法下，月末完工产品的批数越多，成本的核算工作就越简化。(　　)
5. 采用简化分批法时，各月间接费用水平相差悬殊的情况下，不会影响产品成本计算的正确性。(　　)

四、实训题

1. 某工业企业根据客户订单小批生产甲、乙两种产品，采用分批法计算产品成本。20×× 年3月生产情况及生产费用发生情况如下所列。

（1）本月份生产产品的批号。

101 号甲产品 10 台，1 月 15 日投产，本月 25 日全部完工；

102 号甲产品 20 台，1 月 21 日投产，本月完工 13 台，未完工 7 台；

301 号乙产品 18 台，本月 3 日投产，尚未完工。

（2）本月的成本资料。

① 各批产品的上月末累计生产费用见表 10–10。

表 10–10　上月末累计生产费用明细表

单位：元

批号	直接材料	直接人工	制造费用	合计
101	13000	7000	3500	23500
102	25000	11000	7700	43700

② 根据各种费用分配表，汇总各批产品本月发生的生产费用见表 10–11。

表 10–11　本月生产费用明细表

单位：元

批号	直接材料	直接人工	制造费用	合计
101		6000	1900	7900
102		12000	5400	17400
301	18000	11500	6100	35600

③ 各批完工产品与在产品之间分配费用的方法。

102 号甲产品，本月完工产品占该批产品比重较大，采用约当产量法将本月累计生产费用在完工产品与月末在产品之间分配。原材料在生产开始时一次投入，月末在产品完工程度为 70%。

要求：根据上述各项资料，计算 101 甲产品全部完工产品的总成本和单位成本（表 10–12）；计算 102 甲产品和 301 乙产品的完工产品总成本、单位成本及月末在产品成本（表 10–13、表 10–14）。

表 10–12　基本生产成本明细账

批号：101　　产品名称：甲产品　　金额单位：元

开工日期：　　完工日期：　　批量：10 台

20×× 年		摘要	直接材料	直接人工	制造费用	合计
月	日					

表 10–13　基本生产成本明细账

批号：102　　　　产品名称：甲产品　　　　金额单位：元

开工日期：　　　　完工日期：　　　　批量：20 台

20×× 年		摘要	直接材料	直接人工	制造费用	合计
月	日					

表 10–14　基本生产成本明细账

批号：301　　　　产品名称：乙产品　　　　金额单位：元

开工日期：　　　　完工日期：　　　　批量：18 台

20×× 年		摘要	直接材料	直接人工	制造费用	合计
月	日					

2. 某工业企业属于小批生产企业，产品批次多，为了简化核算，采用简化分批法计算产品成本。

（1）该厂 3 月份产品批号。

101 批：A 产品 16 件，1 月份投产，本月完工；

201 批：B 产品 30 件，2 月份投产，本月完工 20 件，该批产品原材料在生产开始时一次投入，本月末在产品定额工时为 11000 小时；

301 批：D 产品 25 件，3 月份投产，尚未完工。

（2）月初在产品成本。

2 月末累计生产费用为 837000 元，其中直接材料 525000 元（101 批次 300000 元，201 批次 225000 元），直接人工 131000 元，制造费用 181000。累计生产工时 71000 小时，其中 101 批次 48900 小时，201 批次 22100 小时。

（3）本月发生生产费用。

本月发生直接材料费 275000 元，全部为 301 批次 D 产品所耗用，本月发生直接人工费 158000 元，制造费用 210000；本月实际生产工时为 99000 小时，其中 101 批次 29100 小时，201 批次 28900 小时，301 批次 41000 小时。

要求：根据上述资料，登记基本生产成本二级账和基本生产成本明细账（表 10–15 至表 10–18）；计算完工产品成本。

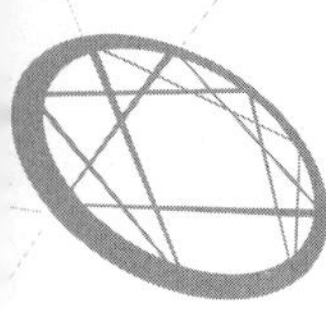

表 10–15　基本生产成本二级账

金额单位：元

20×× 年		摘要	生产工时 / 小时	直接材料	直接人工	制造费用	合计
月	日						

表 10–16　基本生产成本明细账

批号：101　　产品名称：A 产品　　金额单位：元

开工日期：　　完工日期：　　批量：16 件

20×× 年		摘要	生产工时 / 小时	直接材料	直接人工	制造费用	合计
月	日						

表 10–17　基本生产成本明细账

批号：201　　产品名称：B 产品　　金额单位：元

开工日期：　　完工日期：　　批量：30 件

20×× 年		摘要	生产工时 / 小时	直接材料	直接人工	制造费用	合计
月	日						

表 10-18　基本生产成本明细账

批号：301　　产品名称：D 产品　　金额单位：元
开工日期：　　完工日期：　　批量：25 件

20×× 年		摘要	生产工时 / 小时	直接材料	直接人工	制造费用	合计
月	日						

第11章
分步法

【学习目标】

（1）了解分步法的概念和主要特点。
（2）理解分步法的适用范围。
（3）掌握分步法的计算方法。

【分步法】

【分步法综合练习】

【思维导图】

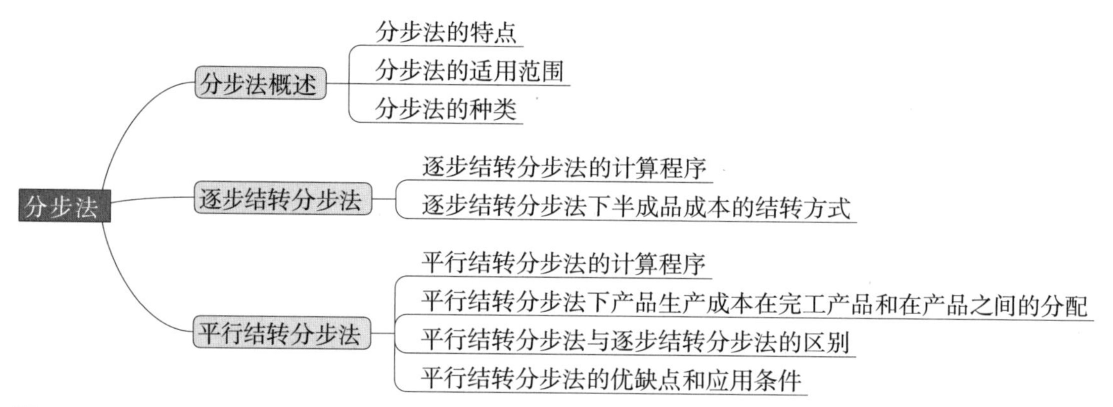

【案例导入】

富丽康月饼厂是一家小型月饼厂，生产的月饼主要为礼品盒装月饼。该厂分3个步骤生产月饼，第一步骤为生产散装月饼，第二步骤为月饼的密封，第三步骤为月饼的装盒及包装。8月份，该厂发现月饼的定价不低，但却亏损很多，因此决定降低成本。该厂会计认为亏损的原因是面粉的价格过高，于是决定采购价格低廉的面粉生产月饼，结果低廉的面粉影响了口感，导致月饼销量大幅下降。该厂再次查找原因，后来通过将每个步骤的实际成本和计划成本与同行业成本进行比较，发现亏损的原因在于包装物的采购价格过高，而且包装物浪费严重。可见，分步计算成本对于成本控制具有重要的意义。那么，分步法是怎么核算的？分步法的核算过程是否会因为各步骤产品成本的结转方式不同而采用不同的方法？

11.1 分步法概述

11.1.1 分步法的特点

分步法是指按照产品的生产步骤归集生产费用，计算产品成本的一种方法。它适用于大量大批多步骤并且管理上要求分步计算成本的产品生产。其主要特点有以下3个方面。

（1）以产品品种及其经过的加工步骤为成本核算对象，设置产品基本生产成本明细账。需要注意的是，产品成本计算所划分的步骤与实际的生产步骤不一定完全一致，企业既要考虑实际的生产步骤与管理的要求，又要本着简化核算工作的原则，合理确定成本计算对象。例如，为了简化成本计算工作，可以只对管理上有必要分步计算成本的生产步骤单独设立产品成本明细账，单独计算成本；而对管理上不要求单独计算成本的生产步骤，则可与其他生产步骤合并，设立产品成本明细账计算成本。例如，造纸厂的包装步骤，通常与制纸步骤合并在一起计算成本。

（2）成本计算按月进行。由于采用分步法计算产品成本的企业是大量大批生产，其生产是连续不断的，不可能等全部产品完工时才计算产品成本，只能定期在月末计算当月产出的完工产品成本，因此成本计算期与生产周期不一致、与会计报告期一致。

（3）需要计算在产品成本。由于成本计算期与生产周期不一致，月末通常都会有在产品，因此，月末还需要将归集在生产成本明细账中的生产成本在完工产品和在产品之间进行分配。

11.1.2　分步法的适用范围

分步法适用于大量大批的多步骤生产，如冶金企业的生产可分为炼铁、炼钢、轧钢等步骤，机械制造企业的生产可分为铸造、加工、装配等步骤。在这类企业中，产品生产可以分为若干个生产步骤，为了加强成本管理，通常不仅要求按照产品品种计算成本，而且要求按照生产步骤计算成本，以便为考核和分析各种产品及各生产步骤的成本计划的执行情况提供资料。

11.1.3　分步法的种类

在实际工作中，根据成本管理对各生产步骤成本资料的不同要求（如是否要求计算半成品成本）和简化核算的要求，各生产步骤成本的计算和结转，一般采用逐步结转和平行结转两种方法。这两种方法分别称为逐步结转分步法和平行结转分步法。逐步结转分步法是为了分步计算半成品成本而采用的一种分步法，也称计算半成品成本分步法。它是按照产品加工的顺序，逐步计算并结转半成品成本，直到最后加工步骤完成才能计算产成品成本的一种方法。平行结转分步法也称不计算半成品成本分步法。它在计算各步骤成本时，不计算各步骤所产半成品的成本，也不计算各步骤所耗上一步骤的半成品成本，而只计算本步骤发生的各项其他成本，以及这些成本中应计入产成品的份额，将某一产品的各生产步骤应计入产成品成本的份额平行结转、汇总，即可计算出该种产品的产成品成本。

11.2　逐步结转分步法

11.2.1　逐步结转分步法的计算程序

逐步结转分步法是按照产品的生产步骤逐步计算并结转半成品成本，最后计算出产成品成本的一种分步法。逐步结转分步法是在大量、大批、多步骤生产的企业中，成本管理需要提供各个生产步骤的半成品成本资料而采用的一种分步法。在这种分步法下，企业按照产品加工顺序先计算第一个加工步骤的半成品成本，第一步骤完工的半成品成本应该从该步骤的产品明细账中转出，在转出时会受到半成品实物流转程序制约。半成品实物的流转程序有两种，即不通过仓库收发和通过仓库收发。

（1）半成品不通过仓库收发的情况下，先计算第一步骤的完工半成品成本和第一步骤的月末在产品成本，然后将本步骤的完工半成品成本转入第二步骤产品成本明细账；第二步骤在核算半成品成本时，将第一步骤转来的完工半成品成本，再加上本步骤的加工费用，计算出第二步骤半成品成本；随着加工步骤依次逐步累计结转，直到最后步骤计算出

产成品成本。其具体计算程序如图 11.1 所示。

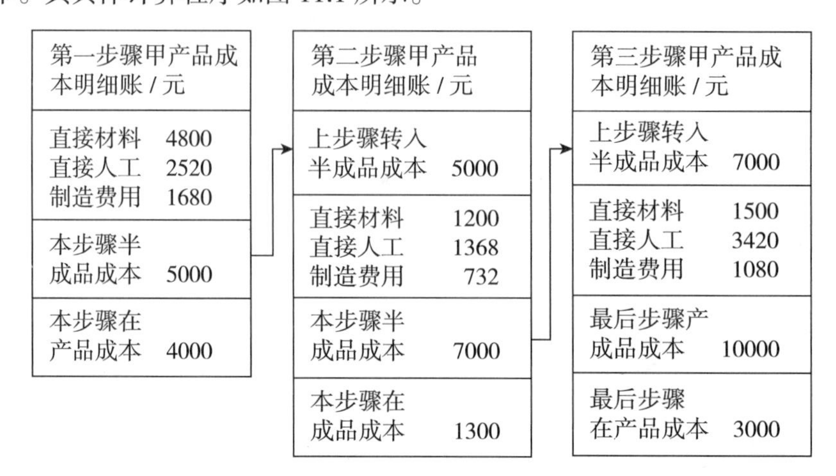

图 11.1 逐步结转分步法的计算程序（不通过半成品库收发）

（2）如果半成品完工后，不直接为下一步骤所领用，而要通过半成品库收发，在验收入库时，应编制借记“自制半成品”科目，贷记“基本生产成本”科目的会计分录。第二步骤领用第一步骤的自制半成品的时候，再根据领用数，编制借记“基本生产成本”科目，贷记“自制半成品”科目的会计分录，将领用半成品的金额结转给第二个加工步骤。这时，第二步骤把第一步骤结转来的半成品成本加上本步骤耗用的材料成本和加工成本，即可求得第二个加工步骤的半成品成本。如果第二步骤既有半成品，又有加工中的在产品，则应将该步骤的生产费用采用适当的方法在其完工半成品与加工中在产品之间进行分配。下一步骤按照相同的程序计算，以此类推。在最后一个步骤的产成品成本明细账中，即可计算出产成品的成本。其具体计算程序如图 11.2 所示。

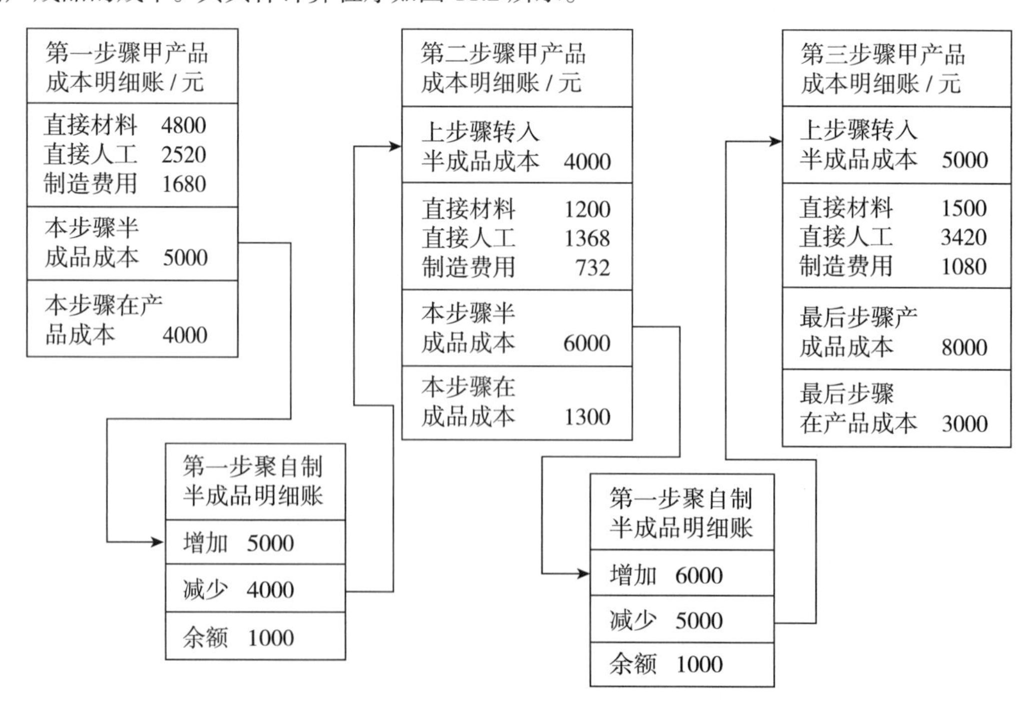

图 11.2 逐步结转分步法的计算程序（通过半成品库收发）

【问题与思考】

有人说，逐步结转分步法实际上就是品种法的多次连接应用。你认为对吗？为什么？

11.2.2 逐步结转分步法下半成品成本的结转方式

逐步结转分步法，按照半成品成本在下一步骤产品成本明细账中的反映方式不同，可分为综合结转和分项结转两种方式。

1. 综合结转法

综合结转法是指上一步骤的半成品成本转入下一步骤时，不需要分成本项目，直接按照合计数计入下一步骤产品成本计算单的“直接材料”或专设的“半成品”成本项目中。如果半成品通过半成品库收发，由于各月所生产的半成品单位成本不同，因此所耗用的半成品单位成本可以采用先进先出法、全月一次加权平均法等存货发出的计价方法计算。

【综合结转法 Excel 习题演示】

（1）综合结转法应用举例。

【例 11-1】某企业采用逐步结转分步法计算产品成本，分 3 个生产步骤生产甲产品，分别由 3 个车间进行。第一车间生产 A 半成品，交半成品库验收；第二车间按照所需数量向 A 半成品库领用 A 半成品生产 B 半成品；第三车间按照所需数量向 B 半成品库领用 B 半成品生产甲产品。第二车间所耗 A 半成品费用和第三车间所耗用 B 半成品费用按全月一次加权平均单位成本计算。3 个车间月末在产品均按定额成本计价。有关成本资料见表 11-1 至表 11-4。

表 11-1　各车间产量记录

单位：件

车间	月初在产品	本月投产或上步转入	本月完工入库	月末在产品
一车间	40	460	480	20
二车间	30	500	470	60
三车间	50	450	400	100

表 11-2　生产费用资料

单位：元

摘要		直接材料（或半成品）	直接人工	制造费用	合计
一车间	月初在产品成本	1600	320	200	2120
	本月生产费用	34100	7600	5530	47230
二车间	月初在产品成本	1890	435	195	2520
	本月生产费用		9900	5152	15052
三车间	月初在产品成本	2250	2025	1575	5850
	本月生产费用		27800	12400	40200

表 11–3　月末在产品单位定额成本表

单位：元

生产步骤	直接材料（或半成品）	直接人工	制造费用	合计
第一步骤	40	8	5	53
第二步骤	63	14.5	6.5	84
第三步骤	95	15	7	117

表 11–4　月初自制半成品明细账余额表

自制半成品	数量 / 件	单价 /（元 / 件）	金额 / 元
A 半成品	100	102.90	10290
B 半成品	200	137.09	27418

① 根据各种费用分配表、半成品入库单和第一车间在产品定额成本资料登记第一车间 A 半成品基本生产成本明细账见表 11–5。由于该企业采用“月末在产品按定额成本计价法”，因此完工转出的半成品成本，应根据生产费用合计数减去按定额成本计算的月末在产品成本计算。

表 11–5　基本生产成本明细账

第一车间 A 半成品

20×× 年		摘要	产量 / 件	直接材料 / 元	直接人工 / 元	制造费用 / 元	合计 / 元
月	日						
10	31	月初在产品成本	40	1600	320	200	2120
11	30	本月生产费用	460	34100	7600	5530	47230
11	30	生产费用合计	500	35700	7920	5730	49350
11	30	完工转出半成品成本	480	34900	7760	5630	48290
11	30	完工半成品单位成本		72.71	16.17	11.73	100.61
11	30	月末在产品成本	20	800	160	100	1060

根据第一车间的 A 半成品入库单所列数量和 A 半成品成本计算单（原始凭证，格式类似于表 11–5 多栏式成本明细账）所列金额，编制会计分录。

借：自制半成品——A 半成品　　　　48290

　　贷：基本生产成本——第一车间——A 半成品　　　　48290

② 根据 A 半成品入库单和第二车间 A 半成品领用单，登记自制半成品明细账见表 11–6 所示。

表 11–6　自制半成品——A 半成品存货明细账

（全月一次加权平均法）

20×× 年		月初结存		本月增加		合计			本月减少	
月	日	金额 / 元	数量 / 件	金额 / 元	数量 / 件	金额 / 元	数量 / 件	单价 / 元	数量 / 件	金额 / 元
11	30	10290	100	48290	480	58580	580	101.00	500	50500
12	1	8080	80							

根据第二车间生产B半成品时，领用A半成品的领用单和存货明细账中所列发出A半成品的单位成本，编制会计分录。

借：基本生产成本——第二车间——B半成品　50500

　贷：自制半成品——A半成品　50500

③ 根据表11-2提供的生产费用资料、A半成品领用单、B半成品入库单，以及表11-3第二车间月末在产品定额成本表，登记B半成品基本生产成本明细账见表11-7。

在B半成品基本生产成本明细账中，完工转出的B半成品成本，应根据生产费用合计数减去按定额成本计算的月末在产品成本计算。

表11-7　基本生产成本明细账

第二车间B半成品

20××年		摘要	产量/件	半成品/元	直接人工/元	制造费用/元	合计/元
月	日						
10	31	月初在产品成本	30	1890	435	195	2520
11	30	本月生产费用	500	50500	9900	5152	65552
11	30	生产费用合计	530	52390	10335	5347	68072
11	30	完工转出半成品成本	470	48610	9465	4957	63032
11	30	完工半成品单位成本		103.43	20.14	10.55	134.12
11	30	月末在产品成本	60	3780	870	390	5040

根据第二车间B半成品入库单所列数量和B半成品成本计算单（原始凭证，格式类似于表11-7多栏式成本明细账）所列金额，编制会计分录。

借：自制半成品——B半成品　63032

　贷：基本生产成本——第二车间——B半成品　63032

④ 登记“自制半成品——B半成品”明细账见表11-8。

表11-8　自制半成品——B半成品明细账

（全月一次加权平均法）

20××年		月初结存		本月增加		合计			本月减少	
月	日	金额/元	数量/件	金额/元	数量/件	金额/元	数量/件	单价/元	数量/件	金额/元
11	30	27418	200	63032	470	90450	670	135.00	450	60750
12	1	29700	220							

借：基本生产成本——第三车间——甲产品　60750

　贷：自制半成品——B半成品　60750

⑤ 登记甲产品的基本生产成本明细账见表11-9。

表 11-9　基本生产成本明细账

第三车间 甲产品

20×× 年		摘要	产量 / 件	半成品 / 元	直接人工 / 元	制造费用 / 元	合计 / 元
月	日						
10	31	月初在产品成本	50	2250	2025	1575	5850
11	30	本月生产费用	450	60750	27800	12400	100950
11	30	生产费用合计	500	63000	29825	13975	106800
11	30	完工产品成本	400	53500	28325	13275	95100
11	30	完工产品单位成本		133.75	70.81	33.19	237.75
11	30	月末在产品成本	100	9500	1500	700	11700

借：库存商品——甲产品　　95100

　　贷：基本生产成本——第三车间——甲产品　　95100

【问题与思考】

如果在第二步骤中，产品成本在完工成品和在产品之间分配的方法为约当产量法，该如何登记B半成品的基本生产成本明细账？假定半成品在开始生产时一次投入，月末各个生产步骤的在产品完工程度均为60%。

【问题与思考】

如果半成品不通过仓库收发，核算结果会有哪些相同点和不同点？

（2）综合结转法的成本还原。

在采用综合结转法结转半成品成本时，一般还需要进行成本还原。因为在这种方法下，各步骤所耗半成品的成本是以“半成品”或“原材料”项目综合反映的。这样计算出来的产成品成本，不能提供按原始成本项目反映的成本资料；在生产步骤较多的情况下，逐步综合结转半成品成本以后，表现在产成品成本中的绝大部分费用，是最后一个步骤所耗半成品的费用，其他费用（直接人工、制造费用）只是最后一个步骤的费用，在产品成本中所占的比重很小。这显然不符合企业产品成本结构（也就是各项成本之间的比例关系）的实际情况，因而不能据以从整个企业的角度来考核与分析产品成本的构成和水平。所以，如果管理上要求从整个企业角度考核成本项目构成时，要将逐步综合结转算出的产成品还原，使其成为按原始成本项目反映的成本。

通常采用的成本还原方法是：从最后一个步骤起，把各步骤所耗上一步骤半成品的综合成本，逐步分解、还原成直接材料、直接人工和制造费用等原始成本项目，从而求得按原始成本项目反映的产成品成本资料。一般是按本月所产半成品的成本结构进行还原，也就是从最后一个步骤起，把各步骤所耗上一步骤半成品的综合成本，按照上一步骤所产半成品成本的结构逐步分解，还原成按原始成本项目反映的产成品成本。

因为各步骤所耗的半成品费用恰好是上步骤完工的半成品成本，所以本步骤完工产品中所含半成品费用的各项费用结构近似于上一步骤完工的半成品成本的结构。也就是说，产成品中的半成品费用按照本月所产半成品成本的结构还原。其计算公式如下：

还原分配率 = 本月产成品所耗上一步骤半成品成本合计 ÷ 本月所产该种半成品成本合计

应还原的某项成本项目金额 = 上一步骤生产的半成品某个成本项目的成本 × 成本还原率

【例 11–2】假定某企业生产乙产品需要两个步骤，分别由两个车间进行。本月投产，本月完工。一车间在生产过程中耗用直接材料 4800 元，直接人工 2520 元，制造费用 1680 元。自制半成品成本为 9000 元。半成品完工后直接转入下一车间继续加工。完工产品成本为二车间根据上一步骤转来自制半成品再投入直接人工 1368 元，制造费用 732 元后加工完成。完工产品成本为 11100 元。问：价值 11100 元的乙产品中所含的直接材料、直接人工、制造费用分别是多少？这时，你会很容易回答：直接材料 4800 元，直接人工 3888 元（2520+1368），制造费用 2412 元（1680+732）。但是，如果半成品完工后不是直接转入下一车间继续加工，而是要验收入库，并且二车间领用自制半成品的时候也不是全被领用，或者月末存在在产品的情况下，又怎么分解完工产品中所包含的原始成本项目构成数呢？请看下面的例题。

【例 11–3】承【例 11–1】，假定该企业需要进行成本还原。企业第三车间甲产品明细账（表 11–9）中算出的本月产成品所耗 B 半成品费用为 53500 元，按照第二车间 B 半成品基本生产成本明细账（表 11–7）中算出的本月所产半成品成本 63032 元的各项比例关系进行分解、还原。

（1）第一次成本还原。

第一次还原分配率 =53500 ÷ 63032≈0.84878

① 甲产品所耗 B 半成品成本中的 A 半成品费用 =0.84878 × 48610≈41259.20（元）

② 甲产品所耗 B 半成品成本中的直接人工费用 =0.84878 × 9465≈8033.70（元）

③ 甲产品所耗 B 半成品成本中的制造费用 =53500 – 41259.20 – 8033.70=4207.10（元）

（2）第二次成本还原。

经过第一次还原后，还需把甲产品所耗 A 半成品的费用分解成最终的直接材料、直接人工、制造费用。

第二次还原分配率 =41259.20 ÷ 48290≈0.85440

① 甲产品所耗 A 半成品成本中的直接材料费用 =0.85440 × 34900=29818.56（元）

② 甲产品所耗 A 半成品成本中的直接人工费用 =0.85440 × 7760≈6630.14（元）

③ 甲产品所耗 A 半成品成本中的制造费用 =41259.20 – 29818.56 – 6630.14≈4810.5（元）

经过以上两次还原，甲产品的成本构成如下：

① 甲产品所耗直接材料合计 =29818.56（元）

② 甲产品所耗直接人工合计 =6630.14 + 8033.70 + 28325.00=42988.84（元）

③ 甲产品所耗制造费用合计 =4810.5 + 4207.10 + 13275.00=22292.6（元）

为此，编制产成品成本还原计算表见表 11 – 10。

表 11–10　产成品成本还原计算表

20 × × 年 11 月　　　　单位：元

项目	还原分配率	半成品	直接材料	直接人工	制造费用	合计
还原前产成品成本		53500.00		28325.00	13275.00	95100.00
本月所产 B 半成品成本		48610.00		9465.00	4957.00	63032.00
第一次成本还原	0.84878	41259.20		8033.70	4207.10	53500.00
本月所产 A 半成品成本			34900	7760	5630	48290.00
第二次成本还原	0.85440		29818.56	6630.14	4810.50	41259.20
还原后产成品总成本			29818.56	42988.84	22292.60	95100.00
还原后产成品单位成本			74.55	107.47	55.73	237.75

按照上述方法进行成本还原是按本月所产半成品的成本结构进行还原的，但本月实际耗用半成品是月初结存半成品和本月所产半成品的加权平均。如果考虑以前月份所产半成品结构的影响，在各月所产半成品的成本结构变化比较大的情况下，采用这种方法进行成本还原准确性会较差。

（3）综合结转法的优缺点和应用条件。

综合结转法的优点是可以在各生产步骤的产品明细账中反映各该步骤完工产品所耗用半成品费用的水平和本步骤加工费用的水平，有利于各个生产步骤的成本管理；缺点是为了从整个企业的角度反映产品成本的构成，加强企业综合的成本管理，必须进行成本还原，从而增加核算工作量。因此，这种结转方法一般适用于管理上要求计算各步骤完工半成品所耗半成品费用，但不要求进行成本还原的情况。

2. 分项结转法

分项结转法是指将各步骤所耗用的上一步骤半成品成本，按照成本项目分项转入各步骤产品成本明细账的各个成本项目中。如果半成品通过半成品库收发，在自制半成品明细账中登记半成品成本时，也要按照成本项目分别登记。

（1）分项结转法举例。

【例11-4】承【例11-1】，该企业采用分项结转法将半成品转入各步骤产品成本明细账的各个成本项目中。生产量资料见表11-11，其他资料见表11-12、表11-13。

表11-11　月末在产品单位定额成本表

生产步骤	直接材料（或半成品）/元	直接人工/元	制造费用/元	合计/元
第一步骤	40	8	5	53
第二步骤	41	28	15	84
第三步骤	45	40.5	31.5	117

表11-12　生产费用资料

生产步骤		直接材料/元	直接人工/元	制造费用/元	合计/元
一车间	月初在产品成本	1600	320	200	2120
	本月生产费用	34100	7600	5530	47230
二车间	月初在产品成本	1230	840	450	2520
	本月生产费用		9900	5152	
三车间	月初在产品成本	2250	2025	1575	5850
	本月生产费用		27800	12400	

表11-13　自制半成品月初余额表

	数量/件	直接材料/元	直接人工/元	制造费用/元	成本合计/元
A半成品	100	7300	1750	1240	10290
B半成品	200	15000	7350	5068	27418

① 根据表11-2提供的生产费用资料、表11-1的产量记录、A半成品入库单和表11-3的第一车间在产品定额成本资料登记第一车间A半成品基本生产成本明细账，参见表11-5。

② 根据表11-13提供的自制半成品月初余额、A半成品入库单和第二车间领用A半成品领用单，登记自制半成品明细账，见表11-14。

表 11-14　自制半成品——A 半成品明细账

（全月一次加权平均法）

月份	摘要	数量 / 件	实际成本 / 元			
			直接材料	直接人工	制造费用	成本合计
11	月初 A 半成品余额	100	7300	1750	1240	10290
11	本月入库 A 半成品	480	34900	7760	5630	48290
11	A 半成品累计	580	42200	9510	6870	58580
11	加权平均单位成本		72.76	16.40	11.84	101.00
11	二车间领用 A 半成品	500	36380	8200	5920	50500.00
12	月末 A 半成品结存	80	5820	1310	950	8080.00

③ 根据表 11-12 提供的生产费用资料、表 11-14 提供的 A 半成品领用资料、表 11-1 的产量记录，以及表 11-3 的第二车间月末在产品定额成本资料，登记 B 半成品基本生产成本明细账，见表 11-15。

表 11-15　基本生产成本明细账

第二车间 B 半成品　　单位：元

20×× 年		摘要	直接材料	直接人工	制造费用	合计
月	日					
10	31	二车间月初在产品成本	1230	840	450	2520
11	30	本月本步骤加工费用		9900	5152	15052
11	30	本月耗用 A 半成品费用	36380	8200	5920	50500
11	30	生产费用合计	37610	18940	11522	68072
11	30	完工转出 B 半成品成本（470 件）	35150	17260	10622	63032
11	30	完工 B 半成品单位成本	74.79	36.72	22.60	134.11
11	30	月末在产品成本	2460	1680	900	5040

④ 根据表 11-13 提供的自制半成品月初余额、B 半成品入库单和第三车间领用 B 半成品领用单，登记自制半成品明细账，见表 11-16。

表 11-16　自制半成品——B 半成品明细账

（全月一次加权平均法）　　单位：元

月份	摘要	数量 / 件	实际成本			
			直接材料	直接人工	制造费用	成本合计
11	月初 B 半成品余额	200	15000	7350	5068	27418
11	本月入库 B 半成品	470	35150	17260	10622	63032
11	B 半成品累计	670	50150	24610	15690	90450
11	加权平均单位成本		74.85	36.73	23.42	135.00
11	二车间领用 B 半成品	450	33682.5	16528.5	10539	60750
12	月末 B 半成品结存	220	16467.5	8081.5	5151	29700

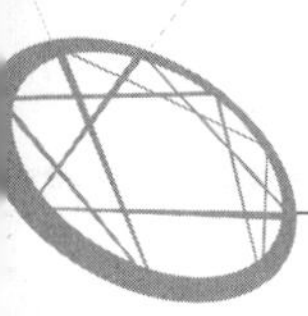

⑤ 根据表11-12提供的生产费用资料、表11-14提供的A半成品领用资料、表11-1的产量记录，以及表11-3的第二车间月末在产品定额成本资料，登记B半成品基本生产成本明细账，见表11-17。

表11-17　基本生产成本明细账

第三车间 甲产品　　单位：元

20×× 年		摘要	直接材料	直接人工	制造费用	合计
月	日					
10	31	三车间月初在产品成本	2250	2025	1575	5850
11	30	本月本步骤加工费用		27800	12400	40200
11	30	本月耗用B半成品费用	33682.5	16528.5	10539	60750
11	30	生产费用合计	35932.5	46353.5	24514	106800
11	30	转出完工甲产品成本	31432.5	42303.5	21364	95100
11	30	完工甲产品单位成本（400件）	78.58	105.76	53.41	237.75
11	30	月末在产品成本	4500	4050	3150	11700

本例会计分录的编制同【例11-1】。从表11-17可以看出，产成品单位成本的合计数为237.75元，与综合结转法还原表中还原后产成品的单位成本合计数相同，但两者的成本结构并不相同。原因在于：表11-10中产成品所耗半成品各项费用是按本月所产半成品的成本结构还原计算出来的，没有考虑以前月份所产半成品的成本结构的影响；而在分项结转法中，产成品所耗半成品各项费用是按照原始成本项目逐步转入的，包括以前月份所产半成品结构的影响。

【问题与思考】

表11-17与表11-10的不同之处在哪里？两个表中的"直接人工"和"制造费用"包含的内容是否相同？

（2）分项结转法的优缺点和应用条件。

采用分项结转法结转半成品成本，其优点是：可以直接、正确地提供按原始成本项目反映的企业产品成本资料，便于从整个企业的角度考核和分析成本计划执行情况，不需要进行成本还原；其缺点是：成本结转工作比较复杂，而且在各步骤完工产品成本中看不出所耗上一步骤半成品费用是多少、本步骤加工费用是多少，不便于各步骤完工产品的成本分析。该方法一般适用于在管理上不要求计算各步骤完工产品所耗半成品费用和本步骤加工费用，而要求按原始成本项目计算产品成本的企业。

11.3　平行结转分步法

11.3.1　平行结转分步法的计算程序

在采用分步法的大量大批多步骤生产的企业中，有的各步骤所产半成品的种类很多（如机械制造业），又很少对外出售，因而在管理上并不需要计算半成品成本。在这种情况下，为了简化和加速成本计算工作，在计算各步骤成本时，不计算各步骤所耗上一步骤的半成品成本，而只计算本步骤发生的各项其他费用及这些费用应计入产品成本的"份额"。

从图 11.3 可以看出，各生产步骤均不计算本步骤的半成品成本，尽管半成品的实物转入下一生产步骤继续加工，但其成本并不结转到下一生产步骤的成本计算单中去，只是在产品最后完工入库时，才将各步骤生产成本中应由完工产品负担的份额，从各步骤成本计算单中转出，平行汇总计算产成品的成本。

采用平行结转分步法，每一步骤的生产费用也要在其完工产品和月末在产品之间进行分配，但这里的完工产品是指企业最后完工的产成品。与此相关的是，这里的在产品是指尚未产成的全部在产品和半成品（即广义的在产品），包括以下 3 个方面。

（1）尚在步骤加工中的在产品。

（2）本步骤已完工转入半成品库的半成品。

（3）已从半成品库转到以后各步骤进一步加工、尚未最后完工的在产品。

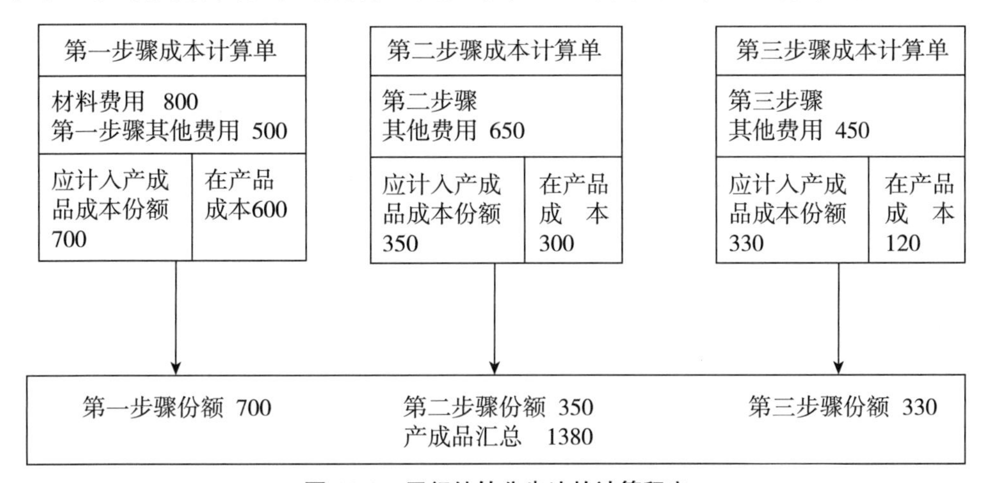

图 11.3　平行结转分步法的计算程序

11.3.2　平行结转分步法下产品生产成本在完工产品和在产品之间的分配

在平行结转分步法下，合理确定各步骤应计入产成品成本中的费用“份额”，即每一生产步骤的生产费用如何正确地在狭义完工产品（产成品）和广义在产品之间进行分配是该种方法的关键。各企业应根据具体情况，采用第 7 章所述的分配方法进行分配。

【例 11－5】大华工厂设有第一、第二和第三 3 个基本生产车间，大量生产 M1 产品。M1 产品原材料在第一车间生产开始时一次投入，然后顺序经过第二和第三车间加工。第一车间生产的产品为 M1 产品的 A 半成品，完工后不经过半成品仓库，全部直接交给第二车间继续加工；第二车间将 M1 产品的 A 半成品进一步加工为 M1 产品的 B 半成品，完工后全部直接交给第三车间继续加工为 M1 产品产成品；第三车间生产完工后全部交给产成品仓库。

该厂需要分生产车间（生产步骤）控制费用，但由于自制的 A 半成品和 B 半成品都全部用于 M1 产品生产，不对外出售，为了简化计算，不计算半成品成本，成本核算采用平行结转分步法。

根据平行结转分步法的原理，该厂以生产的 M1 产品产成品及其所经的生产步骤为成本核算对象，按照第一、第二和第三车间开设产品生产成本明细账，并按直接材料、直接人工和制造费用 3 个成本项目设专栏组织核算。

该厂生产费用在完工产品和月末在产品之间的分配采用约当产量法。M1 产品月初在产品成本和本月本车间发生的生产费用资料、本月各生产车间生产数量资料见表 11－18、表 11－19。

表 11-18 生产费用记录资料

产品名称：M1 产品　　20××年 10 月　　单位：元

项目	第一车间	第二车间	第三车间
月初在产品成本	7870	1630	1200
其中：直接材料	5030		
直接人工	1880	950	540
制造费用	960	680	660
本月本步骤发生的生产费用	33920	7850	8751
其中：直接材料	25000		
直接人工	5680	4330	4810
制造费用	3240	3520	3941

表 11-19 生产数量记录资料

产品名称：M1 产品　　20××年 10 月　　单位：元

项目	第一车间	第二车间	第三车间
月初在产品	8	14	22
本月投入或上步转入	110	90	92
本月完工转入下步或交库	90	92	100
月末在产品	28	12	14
加工程度	50%	50%	50%

计算各步骤（生产车间）应计入完工产品（M1 产品）成本的“份额”。

在采用约当产量法在完工产品和月末在产品之间分配生产费用时，各步骤月末在产品约当产量，应按下列公式计算。

在产品约当产量 = 本步骤在产品约当产量 + 经本步骤加工转入后面各步骤的在产品数量及入库的半成品数量

某生产步骤月末广义在产品的约当产量，加上最终完工产品耗用该步骤半成品的数量等于该生产步骤的生产总量（约当总产量）。它是该生产步骤在完工产品和月末在产品之间进行费用分配的分配标准。

（1）第一车间产品生产成本明细账见表 11-20。

表 11-20 第一车间产品生产成本明细账

产品名称：M1 产品　　20××年 10 月　　单位：元

摘要		直接材料	直接人工	制造费用	合计
月初在产品成本		5030	1880	960	7870
本月发生生产费用		25000	5680	3240	33920
生产费用合计		30030	7560	4200	41790
最终产成品数量		100	100	100	
在产品约当产量	本步在产品约当产量	28	14	14	
	已交下步未完工半成品	26	26	26	
生产总量（分配标准）		154	140	140	
单位产成品成本份额		195	54	30	279
100 件产成品成本份额		19500	5400	3000	27900
月末在产品成本		10530	2160	1200	13890

①“直接材料”成本项目。

第一车间期末广义在产品约当产量 =28 × 100% + 12 + 14=54（件）

材料费用分配率 =（5030 + 25000）÷（100 + 54）=195（元 / 件）

直接材料应计入产成品成本份额 =100 × 195=19500（元）

期末广义在产品的原材料费用 =5030 + 25000 – 19500=10530（元）

②“直接人工”成本项目。

第一车间期末广义在产品约当产量 =28 × 50% + 12 + 14=40（件）

直接人工费用分配率 =（1880 + 5680）÷（100 + 40）=54（元 / 件）

直接人工应计入产成品成本份额 =100 × 54=5400（元）

期末广义在产品的直接人工费用 =1880 + 5680 – 5400=2160（元）

③“制造费用”成本项目。

第一车间期末广义在产品约当产量 =28 × 50% + 12 + 14=40（件）

制造费用分配率 =（960 + 3240）÷（100 + 40）=30（元 / 件）

制造费用应计入产成品成本份额 =100 × 30=3000（元）

期末广义在产品的制造费用 =960 + 3240 – 3000=1200（元）

（2）第二车间产品生产成本明细账见表 11 – 21。

表 11–21 第二车间产品生产成本明细账

产品名称：M1 产品　　20 × × 年 10 月　　单位：元

摘要		直接材料	直接人工	制造费用	合计
月初在产品成本			950	680	1630
本月发生生产费用			430	3520	7850
生产费用合计			5280	4200	9480
最终产成品数量			100	100	
在产品约当产量	本步在产品约当产量		6	6	
	已交下步未完成工半成品		14	14	
生产总量（分配标准）			120	120	
单位产成品成本份额			44	35	79
100 件产成品成本份额			4400	3500	7900
月份在产品成本			880	700	1580

①“直接人工”成本项目。

第二车间期末广义在产品约当产量 =12 × 50% + 14=20（件）

直接人工费用分配率 =（950 + 4330）÷（100 + 20）=44（元 / 件）

直接人工应计入产成品成本份额 =100 × 44=4400（元）

期末广义在产品的直接人工费用 =20 × 44=880（元）

②“制造费用”成本项目。

第二车间期末广义在产品约当产量 =12 × 50% + 14=20（件）

制造费用分配率 =（680 + 3520）÷（100 + 20）=35（元 / 件）

制造费用应计入产成品成本份额 =100 × 35=3500（元）

期末广义在产品的制造费用 =20 × 35=700（元）

（3）第三车间生产成本明细账见表 11 – 22。

表 11-22　第三车间产品生产成本明细账

产品名称：M1 产品　　　　20×× 年 10 月　　　　单位：元

摘要		直接材料	直接人工	制造费用	合计
月初在产品成本			540	660	1200
本月发生生产费用			4810	3941	8751
生产费用合计			5350	4601	9951
最终产成品数量			100	100	
在产品约当产量	本步在产品约当量		7	7	
	已交下步未完成工半成品				
生产总量（分配标准）			107	107	
单位产成品成本份额			50	43	93
100 件产成品成本份额			5000	4300	9300
月份在产品成本			350	301	651

①“直接人工”成本项目。

第三车间期末广义在产品约当产量 =14×50%=7（件）

直接人工费用分配率 =（540+4810）÷（100+7）=50（元 / 件）

直接人工应计入产成品成本份额 =100×50=5000（元）

期末广义在产品的直接人工费用 =50×7=350（元）

②“制造费用”成本项目。

第三车间期末广义在产品约当产量 =14×50%=7（件）

制造费用分配率 =（660+3941）÷（100+7）=43（元 / 件）

制造费用应计入产成品成本份额 =100×43=4300（元）

期末广义在产品的制造费用 =43×7=301（元）

（4）汇总计算 Z1 产品产成品总成本和单位成本，见表 11-23。

表 11-23　产品成本计算汇总表

产品名称：Z1 产品　　　20×× 年 10 月　　　产量：100 件　　　单位：元

车间	直接材料	直接人工	制造费用	合计
第一车间	19500	5400	3000	27900
第二车间		4400	3500	7900
第三车间		5000	4300	9300
完工产品总成本	19500	14800	10800	45100
完工产品单位成本	195	148	108	451

根据产品成本计算汇总表，编制结转完工入库 M1 产品成本的会计分录。

借：库存商品——M1 产品　　　　45100

　贷：生产成本——第一车间（M1 产品）　　　27900

　　　　　　——第二车间（M1 产品）　　　7900

　　　　　　——第三车间（M1 产品）　　　9300

11.3.3　平行结转分步法与逐步结转分步法的区别

1. 成本管理的要求不同

平行结转分步法只要求计算本步骤所发生的费用，不要求计算，也不结转半成品成本。逐步结转分步法要求计算并结转半成品成本。

2. 产成品成本的计算方式不同

平行结转分步法是将各生产步骤应计入相同产成品成本的份额汇总，来求得产成品成本的。逐步结转分步法是按照产品成本核算所划分的生产步骤，逐步计算和结转半成品成本，直到最后步骤计算出产成品成本。各生产步骤的成本核算要等待上一步骤的成本核算结果（转入的半成品成本数额）。

3. 在产品的含义不同

平行结转不计算也不结转半成品成本，各生产步骤完工产品只指最终产成品所耗用的本步骤的半成品；期末在产品则既包括本步骤正在加工的在制品，又包括已经完工交给以后各步骤，但尚未最终完工的半成品，即广义在产品。逐步结转分步法计算并结转半成品成本，半成品成本随着其实物的转移而结转，设有半成品仓库时，设置“自制半成品”账户，同时进行数量和金额的核算。

11.3.4　平行结转分步法的优缺点和应用条件

1. 平行结转分步法的优缺点

平行结转分步法的优点：各步骤可以同时计算产品成本，将计入完工产品成本的份额平行结转汇总计入产成品成本，不必逐步结转半成品成本，从而可简化和加速成本计算工作；能够直接提供按原始成本项目反映的产成品成本资料，不必进行成本还原，简化了成本计算工作。

平行结转分步法的缺点：由于不能提供各步骤半成品成本资料及各步骤所耗上一步骤半成品费用资料，因此不能全面地反映各步骤生产耗费水平，不利于各步骤的成本管理；由于各步骤间不结转半成品成本，使半成品实物转移与费用结转脱节，因此不能为各步骤在产品的实物管理和资金管理提供资料。

2. 平行结转分步法的应用条件

平行结转分步法的优缺点与逐步结转分步法的优缺点相反。因此，该方法只适合在半成品种类较多，逐步结转半成品成本工作量较大，管理上又不要求提供各步骤半成品成本资料的情况下采用。

【分步法综合练习】

【分步法综合（简化例题 1）】

【分步法综合（简化例题 2）】

同步测试题

一、单项选择题

1. 下列方法中属于不计算半成品成本的分步法是（　　）。

A. 逐步结转分步法　　B. 综合结转法

C. 分项结转法　　D. 平行结转法

2. 采用逐步结转分步法，其在完工产品与在产品之间分配费用，是指在(　　)之间分配费用。
A. 产成品与月末在产品
B. 完工半成品与月末加工中的在产品
C. 产成品与广义的在产品
D. 除最后步骤以外，前面步骤的完工半成品与加工中的在产品及最后步骤的产成品与加工中的在产品
3. 成本还原的对象是(　　)。
A. 产成品　　B. 各步骤所耗上一步骤半成品的综合成本
C. 最后步骤的产成品成本　　D. 各步骤半成品成本
4. 进行成本还原，应以还原分配率分别乘以(　　)。
A. 本月所产半成品各个成本项目的费用
B. 本月所耗半成品各个成本项目的费用
C. 本月所产该种半成品各个成本项目的费用
D. 本月所耗该种半成品各个成本项目的费用
5. 采用平行结转分步法，(　　)。
A. 不能全面地反映各个生产步骤产品的生产耗费水平
B. 能够全面地反映各个生产步骤产品的生产耗费水平
C. 能够全面地反映第一个生产步骤产品的生产耗费水平
D. 能够全面地反映最后一个步骤产品的生产耗费水平
6. 下列方法中需要进行成本还原的是(　　)。
A. 平行结转法　　B. 逐步结转法
C. 综合结转法　　D. 分项结转法
7. 成本还原就是从最后一个步骤起，把各步骤所耗上一步骤半成品成本，按照(　　)逐步分解，还原算出按原始成本项目反映的产成品成本。
A. 本月所耗半成品成本结构　　B. 本月完工产品成本的结构
C. 上一步骤所产该种半成品成本的结构　　D. 上一步骤月末在产品成本的结构
8. 采用逐步结转分步法时，前一步骤完工半成品不通过半成品库收发，直接转入下一步骤继续生产时，应借记的科目是(　　)。
A. “自制半成品”　　B. “原材料”
C. “基本生产成本”　　D. “制造费用”

二、多项选择题

1. 采用综合结转法结转半成品成本的优点是(　　)。
A. 便于各步骤进行成本管理
B. 便于各生产步骤完工产品的成本分析
C. 便于从整个企业角度分析和考核产品成本的构成和水平
D. 便于同行业间产品成本对比分析
2. 平行结转分步法的特点是(　　)。
A. 各生产步骤不计算半成品成本，只计算本步骤所发生的生产费用
B. 各步骤间不结转半成品成本
C. 各步骤应计算本步骤所发生的生产费用中应计入产成品成本的份额
D. 将各步骤应计入产成品成本的份额平行结转，汇总计算产成品的总成本和单位成本
3. 在平行结转分步法下，完工产品与在产品之间费用的分配，正确的说法是指(　　)之间的费用分配。
A. 产成品与广义的在产品　　B. 产成品与狭义的在产品
C. 各步骤完工半成品与月末加工中的在产品　　D. 应计入产成品的“份额”与广义的在产品
4. 广义的在产品是指(　　)。
A. 尚在本步骤加工中的在产品
B. 转入各半成品库的半成品
C. 已从半成品库转到以后各步骤进一步加工、尚未最后制成的半成品
D. 全部加工中的在产品和半成品
5. 平行结转分步法适宜在(　　)的情况下采用。
A. 产品种类多，计算和结转半成品工作量大

B. 管理上不要求提供各步骤半成品成本资料
C. 管理上不要求提供原始成本项目反映的产成品成本资料
D. 管理上不要求全面的反映各个生产步骤的生产耗费水平
6. 与逐步结转分步法相比，平行结转分步法的缺点是(　　)。
A. 各步骤不能同时计算产品成本
B. 不需要进行成本还原
C. 不能为实物管理和资金管理提供资料
D. 不能提供各步骤的半成品本本资料

三、判断题

1. 分步法实质上是品种法的连续运用。（　　）
2. 在平行结转法下，不计算在产品成本。（　　）
3. 在逐步结转法下，无论是综合结转还是分项结转，本步骤所耗用上一步骤半成品成本一定是上一步骤完工半成品成本。（　　）
4. 在采用逐步结转分步法时，无论是综合结转还是分项结转，第一步骤的半成品成本明细账登记方法均相同。（　　）
5. 在平行结转分步法下，如果通过半成品库收发，则应设置“自制半成品”账户核算。（　　）

四、实训题

1. 某企业甲产品经过 3 个车间连续加工制成，一车间生产 A 半成品，直接转入二车间加工制成 B 半成品，B 半成品直接转入三车间加工成甲产成品。其中，1 件甲产品耗用 1 件 B 半成品，1 件 B 半成品耗用 1 件 A 半成品。原材料于生产开始时一次投入，各车间月末在产品完工率均为 50%。各车间生产费用在完工产品和在产品之间的分配采用约当产量法。

本月各车间产量见表 11-24。

表 11-24　各车间产量

单位：件

摘要	一车间	二车间	三车间
月初在产品数量	20	50	40
本月投产数量或上步转入	180	160	180
本月完工产品数量	160	180	200
月末在产品数量	40	30	20

各车间月初及本月费用资料见表 11-25。

表 11-25　各车间月初及本月费用资料

单位：元

摘要		直接材料	直接人工	制造费用	合计
一车间	月初在产品成本	1000	60	100	1160
	本月生产费用	18400	2200	2400	23000
二车间	月初在产品成本		200	120	320
	本月生产费用		3200	4800	8000
三车间	月初在产品成本		180	160	340
	本月生产费用		3450	2550	6000

要求：采用平行结转法计算产成品成本，编制各步骤成本计算单及产品成本汇总表（表 11-26 至表 11-30）。

表 11-26　各步骤约当产量的计算

单位：元

摘要	直接材料	直接人工	制造费用
一车间步骤约当产量			
二车间步骤约当产量			
三车间步骤约当产量			

表 11-27　第一车间成本计算单

单位：元

摘要	直接材料	直接人工	制造费用	合计
月初在产品成本				
本月发生费用				
合计				
步骤约当产量				
单位成本				
应计入产成品成本份额				
月末在产品成本				

表 11-28　第二车间成本计算单

单位：元

摘要	直接人工	制造费用	合计
月初在产品成本			
本月发生费用			
合计			
步骤约当产量			
单位成本			
应计入产成品成本份额			
月末在产品成本			

表 11-29　第三车间成本计算单

单位：元

摘要	直接人工	制造费用	合计
月初在产品成本			
本月发生费用			
合计			
步骤约当产量			
单位成本			
应计入产成品成本份额			
月末在产品成本			

表 11–30　产品成本汇总计算表

产品名称：甲产品　　　　金额单位：元

项目	数量 / 件	直接材料	直接人工	制造费用	总成本	单位成本
一车间						
二车间						
三车间						
合计						

2. 某企业乙产品的生产要经过 3 个步骤连续加工完成。第一步骤在第一车间完成，生产出 X 半成品，直接转入第二车间进行第二步骤的生产，生产出 Y 半成品，Y 半成品直接转入第三车间进行第三步骤的生产，生产出乙产品。原材料在生产开始时一次投入，各车间月末在产品完工率均为 50%。各步骤生产费用在完工产品和在产品之间分配采用约当产量法。该企业 10 月份的资料见表 11–31、表 11–32。

表 11–31　产量资料

单位：件

摘要	一车间	二车间	三车间
月初在产品数量	40	80	80
本月投入数量或者上步转入	360	320	360
本月完工产品数量	320	360	400
月末在产品数量	80	40	40

表 11–32　月初及本月生产费用资料

单位：元

摘要		直接材料（或半成品）	直接人工	制造费用	合计
一车间	月初在产品成本	3000	150	360	3510
	本月生产费用	55200	6600	7200	69000
二车间	月初在产品成本	6720	660	420	7800
	本月生产费用		9600	14400	24000
三车间	月初在产品成本	7920	690	540	9150
	本月生产费用		10650	7650	18300

要求：

（1）编制各步骤成本计算单，采用逐步综合结转法计算各步骤半成品成本及产成品成本，并进行成本还原（表 11–33 至表 11–36）。

表 11–33　第一车间成本计算单

产品名称：X 半成品　　　　单位：元

摘要	直接材料	直接人工	制造费用	合计
月初在产品成本				
本月发生费用				
合计				
约当产量合计				
单位成本				
完工半成品成本				
月末在产品成本				

表11-34　第二车间成本计算单

产品名称：Y半成品　　　　单位：元

摘要	半成品	直接人工	制造费用	合计
月初在产品成本				
本月发生费用				
合计				
约当产量合计				
单位成本				
完半成品成本				
月末在产品成本				

表11-35　第三车间成本计算单

产品名称：乙产品　　　　单位：元

摘要	半成品	直接人工	制造费用	合计
月初在产品成本				
本月发生费用				
合计				
约当产量合计				
单位成本				
完工产品成本				
月末在产品成本				

表11-36　产品成本还原计算表

金额单位：元

项目	还原分配率	半成品	直接材料	直接人工	制造费用	合计
还原前乙产品成本						
Y半成品成本						
第一次成本还原						
X半成品成本						
第二次成本还原						
还原后乙产品成本						
单位乙产品成本						

（2）编制各步骤成本计算单，采用逐步分项结转法计算各步骤半成品成本及产成品成本（表11-37至表11-39）。

表 11-37　第一车间成本计算单

产品名称：X 半成品　　　　单位：元

摘要	直接材料	直接人工	制造费用	合计
月初在产品成本				
本月发生费用				
合计				
约当产量合计				
单位成本				
完工半成品成本				
月末在产品成本				

表 11-38　第二车间成本计算单

产品名称：Y 半成品　　　　单位：元

摘要	直接材料	直接人工	制造费用	合计
月初在产品成本				
本月本步骤加工费用				
本月耗用上步骤半成品费用				
合计				
约当产量合计				
单位成本				
完工半成品成本				
月末在产品成本				

表 11-39　第三车间成本计算单

产品名称：乙产品　　　　单位：元

摘要	直接材料	直接人工	制造费用	合计
月初在产品成本				
本月本步骤加工费用				
本月耗用上步骤半成品费用				
合计				
约当产量合计				
单位成本				
完工产品成本				
月末在产品成本				

第12章
分类法

【分类法1】

【分类法2】

【分类法3】

【学习目标】

（1）了解分类法的主要特点。
（2）理解分类法的优缺点。
（3）掌握分批法的成本计算，能根据不同企业的成本核算特点选择不同的成本计算方法。

【思维导图】

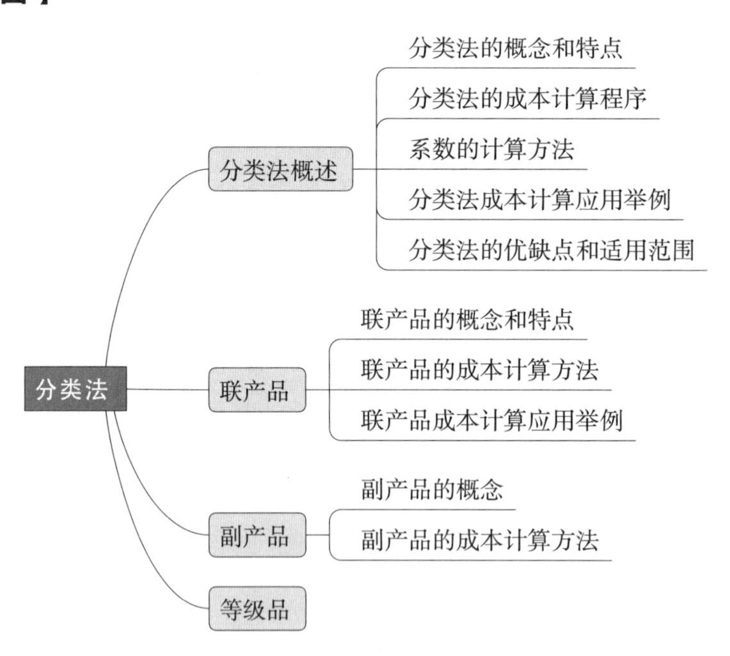

【案例导入】

某食品厂主要生产各种饼干和面包，设有两个基本生产车间：一车间生产饼干，共有15个品种；二车间生产面包，共有10个品种。由于生产工艺过程属于单步骤生产，且企业不间断地大量重复生产饼干和面包，所以该厂采用品种法进行产品成本计算，按照产品品种开设了25张基本生产明细账。该厂规模较小，每种产品的数量并不多，而且出于人员成本的考虑，会计人员设置较为简单，仅设置了一名成本会计小钱。小钱在面对25种产品的核算时，虽然很认真，但常常弄混产品品种，生产成本明细账的登记经常出错。于是，该厂为简化成本计算工作，改变了成本计算方法，采用分类法进行产品成本的计算。

例如，按照生产工艺的不同，将饼干产品分为甜酥性饼干、发酵饼干和花色饼干 3 个类别，先把这 3 类产品的成本计算出来，然后在类内按照一定的方法进行分配。按照这种方法计算产品成本后，小钱感觉工作轻松了很多。但是，小钱考虑的问题还很多，如如何选择类内产品成本的分配方法等。

12.1 分类法概述

本书前面几章对产品成本计算的基本方法进行了阐述，这几种基本方法是制造企业产品成本计算的常用方法。但在实际工作中，由于某些企业的特殊情况，可能需要采取其他的一些成本计算方法，如在产品品种、规格繁多，加工工艺基本相同的企业，为简化成本计算而采用分类法，类内再按照一定的标准对产品成本进行分化。而且，联产品、副产品、等级品可以比照分类法的方法进行成本核算。

12.1.1 分类法的概念和特点

产品成本计算的分类法是按照产品类别归集生产费用，先计算各类产品的类别总成本，再按一定标准分配计算同类中各种产品成本的方法。在实际工作中，一般将类内各产品之间的分配成本比例折合为系数，按系数进行分配。所以，分类法又称为系数法。分类法具有以下 3 个特点。

（1）以产品类别作为成本计算对象。

（2）按类归集的生产费用总额在完工产品和月末在产品之间进行分配。

（3）与产品成本计算的基本方法结合使用。分类法不是一种独立的产品成本计算方法，在计算同类产品的成本时，还需采用品种法、分步法或者分批法等基本方法。

12.1.2 分类法的成本计算程序

（1）确定产品的类别。按照产品的类别开设生产成本明细账，归集产品的生产费用。在划分产品类别的时候，要考虑产品性质、生产工艺、所耗用原材料是否相同等因素。

（2）每月月末，按类别计算出本月完工产品成本和月末在产品成本。

在该步骤中，可根据成本核算特点采用前述各种基本方法进行计算。

（3）计算分配类内各种产品或规格产品的成本。先将已计算出的每类完工产品成本采用一定的方法分配给类内各种产品或不同规格的产品，然后计算产品的总成本和单位成本。

进行类内产品的费用分配是分类法的重点内容，在进行类内产品的费用分配时，可以按以下步骤进行。

① 确定标准产品及产品的分配标准额（如消耗定额、费用定额或工时定额等），将标准产品的系数定为“1”。标准产品一般选用产销量大、生产正常、售价稳定、规格折中的产品。

② 用其他产品的分配标准额同标准产品的分配标准额相比，计算出比率（即系数）。

③ 计算各产品的总系数。

$$某种产品总系数（标准产量）= 该产品实际产量 \times 系数$$

$$类内标准产品总量（总系数）= \sum 各产品标准产量$$

④ 利用总系数进行费用分配，计算出各种产品负担费用。

$$分配率（单位系数成本）= 某类产品总成本 \div 类标准产品总量$$

$$某种产品总成本 = 分配率 \times 该产品总系数$$

$$某种产品单位成本 = 该种产品总成本 \div 该种产品产量$$

⑤ 汇总计算各种完工产品的总成本和单位成本。

【问题与思考】

利用分类法计算产品成本时，确定类别的关键是什么？

12.1.3 系数的计算方法

要进行类内产品费用分配，首先要计算系数，由于成本计算要求的不同，因此系数可以分为综合系数和单项系数。

1. 综合系数

综合系数是以某一综合性分配标准为基础制定的系数。其计算公式如下：

单位成本系数 = 某种产品的定额成本 ÷ 标准产品的定额成本

采用综合系数分配费用，计算比较简单，但分配结果的正确性较差。

【例12-1】 某企业采用分类法对产品成本核算，A类产品分为甲、乙、丙3个品种。其中，乙为标准产品。该类产品本月总成本为18330元（其中，直接材料12000元，直接人工3000元，制造费用3330元）。该类产品的产量和单位定额成本见表12-1。

表12-1 产量和单位定额成本表

20×× 年 × 月

产品类别	规格	产量 / 件	单位定额成本 / 元
A类产品	甲	80	13.5
	乙	240	18
	丙	160	21.24

（1）甲产品单位成本系数 =13.5 ÷ 18=0.75

乙产品单位成本系数 =18 ÷ 18=1

丙产品单位成本系数 =21.24 ÷ 18=1.18

（2）甲产品总系数（标准产量）=80 × 0.75=60

乙产品总系数（标准产量）=240 × 1=240

丙产品总系数（标准产量）=160 × 1.18=188.8

A类标准产品总量（总系数）= 60+240+188.8=488.8

（3）分配率 =A类产品总成本 ÷ A类标准产品总量 =18330 ÷ 488.8=37.5（元 / 件）

（4）甲产品总成本 = 分配率 × 甲产品总系数 =37.5 × 60=2250（元）

乙产品总成本 = 37.5 × 240=9000（元）

丙产品总成本 = 37.5 × 188.8=7080（元）

从上面的计算结果可以看出，得出的只是类内每种产品的总成本，而无法看出总成本的结构如何。

2. 单项系数

单项系数是以某一单项分配标准为基础制定的系数。一般情况下，企业以原材料定额成本和工时定额作为标准分项计算系数。

（1）如果共同耗用多种原材料，则按定额成本计算系数，公式如下：

原材料成本系数 = 某种产品所耗各种原材料定额成本 ÷ 标准产品所耗各种原材料定额成本

（2）如果共同耗用一种原材料，则按原材料的消耗定额计算系数，公式如下：

原材料成本系数 = 某产品耗用原材料消耗定额 ÷ 标准产品耗用原材料消耗定额

产品的直接人工和制造费用可以按下列公式计算系数。

直接人工（制造费用）成本系数 = 某产品直接人工（制造费用）定额成本（或定额工时）÷ 标准产品直接人工（制造费用）定额成本（或定额工时）

采用单项系数分配计算产品成本，计算较复杂，但结果较正确。

先确定系数，再计算各种产品的总系数，并据以分配计算类内各种产品的成本。

【问题与思考】

如何根据企业的实际情况选择系数的确定方法？

12.1.4　分类法成本计算应用举例

【例 12－2】某厂采用分类法计算产品成本，按一定的标准将繁多的品种划分为若干类。甲、乙、丙 3 种产品结构相同，耗用材料相同，归成一类，为第 A 类。

（1）开设按产品类别的成本计算单，归集和分配本月费用的方法和程序与品种法相同，因而本例的计算分配过程略。

（2）计算和分配类别的本月完工产品和月末在产品成本。月末在产品成本按定额成本计算。计算分配过程略，其结果见表 12－2。

表 12–2　第 A 类产品成本明细账

摘要	直接材料 / 元	直接人工 / 元	制造费用 / 元	合计 / 元
在产品成本（定额成本）	78500	20000	26800	125300
本月生产费用	279000	100250	87500	466750
生产费用累计	357500	120250	114300	592050
本月完工产品成本	302400	89250	85000	476650
月末在产品成本（定额成本）	55100	31000	29300	115400

（3）分配计算第 A 类的 3 种产品的成本。

① 3 种产品的产量。

甲产品　　10000 千克

乙产品　　7000 千克

丙产品　　5000 千克

② 3 种产品的单位产品所耗用材料和人工工时的数量均不同，采用系数法分配类内 3 种产品的成本。材料费用按材料定额成本系数分配，其他费用按定额工时系数分配。

3 种产品的单位产品定额资料及单位系数见表 12－3。

表 12–3　单位产品定额资料及单位系数计算表

产品名称	直接材料 / 元	定额费用单位系数	人工工时 / 小时	定额工时单位系数
甲（标准产品）	10	1	1.6	1
乙	8	8 ÷ 10=0.8	2	2 ÷ 1.6=1.25
丙	12	12 ÷ 10=1.2	0.8	0.8 ÷ 1.6=0.5

根据 3 种产品产量和单位系数，分配计算甲、乙、丙 3 种产品的成本，见表 12－4。

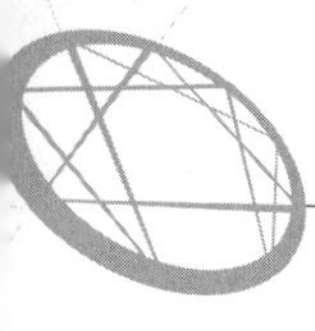

表 12-4 第A类类内各种完工产品成本分配计算表

金额单位：元

项目	产量	直接材料系数	直接材料总系数	工时系数	定额工时系数	直接材料	直接人工	制造费用	成本合计
1	2	3	4=2×3	5	6=2×5	7=4×分配率	8=6×分配率	9=6×分配率	10
分配率						14	4.2	4.0	
甲产品	10000	1	10000	1	10000	140000	42000	40000	222000
乙产品	7000	0.8	5600	1.25	8750	78400	36750	35000	150150
丙产品	5000	1.2	6000	0.5	2500	84000	10500	10000	104500
合计			21600		21250	302400	89250	85000	476650

注：

直接材料分配率 =302400÷21600=14

直接人工分配率 =89250÷21250=4.2

制造费用分配率 =85000÷21250=4.0

12.1.5 分类法的优缺点和适用范围

1. 分类法的优缺点

由于分类法的成本计算对象是产品的类别，因此使成本计算对象大为减少，也节省了归集和分配费用及登记产品成本明细账的工作量，从而简化了成本核算工作。但是，由于类内各种产品或不同规格产品的成本是用一定的标准和比例分配计算出来的，其正确性和合理性受到一定的影响，因此，采用分类法计算成本应注意划分类别的范围和选择分配类内各种产品或规格产品成本的标准都要适当。

2. 分类法的适用范围

分类法适用于产品品种、规格繁多，而且可以按照一定标准将产品划分为若干类别的企业。分类法以产品类别为成本计算对象，采用这种方法应将产品划分为不同的类别，按类别开设成本计算单，归集和分配生产费用。

采用分类法时，必须选择合理的标准分配计算类内各种产品的成本。分配标准的选择，既要保证费用分配结果的正确性和合理性，又要使分配工作简便易行。通常采用的分配标准有产品的数量、重量、体积、长度、定额消耗量、定额成本、售价等，或将这些标准折合为系数。

12.2 联产品

12.2.1 联产品的概念和特点

联产品是指工业企业在生产过程中，利用同一种材料，在同一生产过程中同时生产出两种或两种以上地位相同但用途不同的主要产品。例如，奶制品加工厂可以同时生产出牛奶、奶油等；又如，较典型的炼油厂，通常投入原油后，经过加工可以生成各种联产品，如催化原油经过催化，可以生产出汽油、轻柴油、重柴油和液化石油气4种联产品。

在联产品的生产过程中，投入相同的原材料，经过同一生产过程后，在某一个“点”

分离为各种联产品。通常称这个点为“分离点”。分离后的联产品，有的可以直接销售，有的必须经过进一步加工后再出售。一般把在分离点前发生的成本通称为联合成本，而把进一步加工成本称为可归属成本，两者之间的联系如图 12.1 所示。

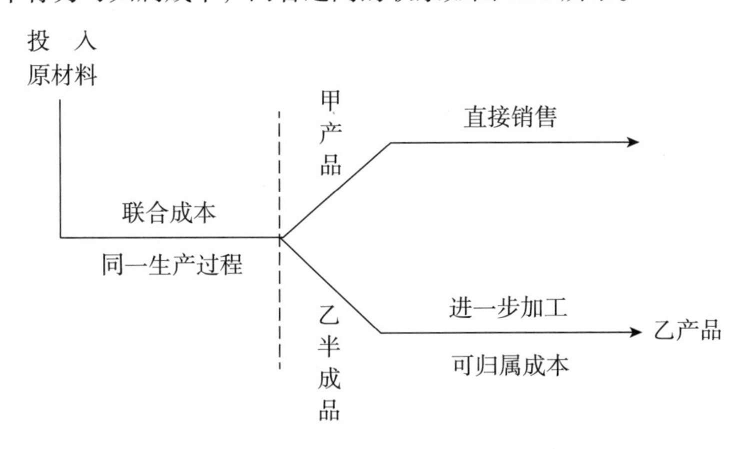

图 12.1 联合成本与可归属成本的联系

联产品具有以下 3 个特点。

（1）联产品是在生产过程中利用同一种原材料一起生产出来的，其性质和用途都不一样。

（2）联产品在生产过程中所耗用的原材料和加工费是不能按照产品分别计算的。

（3）各种联产品都是主要产品，生产工艺程序也不尽相同。

12.2.2 联产品的成本计算方法

联产品所用的原材料和工艺过程相同，因而最适宜归为一类，一般采用分类法计算成本。联产品成本的计算通常分两个阶段进行：第一阶段，联合成本可按照一个成本核算对象设置一个成本明细账进行归集，然后将其总额按照一定的分配方法（系数分配法、实物量分配法等）在各联合成本之间进行分配；第二阶段，分离后按照各产品分别设置明细账，归集其分离后所发生的加工成本。

1. 系数分配法

系数分配法就是将各种联产品的实际产量按事前规定的系数折算为相对生产量，然后将联产品的联合成本按各联产品的相对生产比例进行分配。该方法类似于前面的分类法，不再举例阐述。

2. 实物量分配法

实物量分配法就是按分离点上各种联产品的重量、容积或其他实物量比例来分配联合成本。按实物量分配联合成本，优点是简便易行，因为物质产品都可以用实物单位计量，资料较容易取得，为成本分摊带来方便。实物量分配法通常适用于所生产的产品的价格很不稳定或无法直接确定的情况。

单位数量（或重量）成本 = 联合成本 ÷ 各联产品的总数量（总重量）

【例 12-3】 某企业生产联产品 A 和 B。12 月份发生加工成本 1200 万元，假定 A 产品为 1120 件，B 产品为 880 件，采用实物量分配法分配联合成本。

甲产品成本 =1200 ÷（1120+880）× 1120=672（万元）

乙产品成本 =1200 ÷（1120+880）× 880=528（万元）

3. 相关销售价值分配法

相关销售价值分配法是以不同的联产品有不同销售价格，售价较高的联产品通常应该成比例地负担较高份额的联合成本为理论依据的，从另一个侧面来弥补实物量分配法的不足。这种方法本身也存在缺陷：其一，并非所有的产品成本都和售价有关，价格较高的产品不一定要负担较高的成本；其二，并非所有的联产品都具有同样的获利能力。这种方法一般适用于分离后不再加工，而且价格波动不大的联产品成本计算。

【例12-4】某公司生产联产品A和B。10月份发生加工成本1500万元。A和B在分离点上的销售价格总额为9000万元，其中A产品的销售价格总额为5400万元，B产品的销售总额为3600万元。采用相关销售价值分配法分配联合成本。

A产品成本 =1500÷（5400+3600）×5400=900（万元）

B产品成本 =1500÷（5400+3600）×3600=600（万元）

12.2.3 联产品成本计算应用举例

【例12-5】某厂用某种原材料经过同一生产过程同时生产出甲、乙两种联产品。20××年12月共产出甲产品3200千克、乙产品1600千克，无期初、期末在产品。该月生产发生的联合成本分别为：直接材料30000元，直接人工10800元，制造费用19200元。甲产品每千克的售价为50元，乙产品每千克的售价为60元，假定全部产品均已售出。根据资料分别用系数分配法、实物量分配法、相关销售价值分配法计算甲、乙产品的成本。计算过程分别见表12-5至表12-7。

表12-5 联产品成本计算表（系数分配法）

金额单位：元

产品名称	产量/千克	系数	标准产量	分配率	应负担的成本			
					直接材料	直接人工	制造费用	合计
甲	3200	1	3200	62.5%	18750	6750	12000	37500
乙	1600	1.2	1920	37.5%	11250	4050	7200	22500
合计	4800		5120	100%	30000	10800	19200	60000

以售价为标准确定系数，选择甲产品为标准产品，其系数为1，乙产品的系数为60÷50=1.2。其中，售价的计算见表12-7。

表12-6 联产品成本计算表（实物量分配法）

金额单位：元

项目	产量/千克	直接材料	直接人工	制造费用	合计
本月发生	4800	30000	10800	19200	60000
分配率*		6.25	2.25	4	12.5
甲	3200	20000	7200	12800	40000
乙	1600	10000	3600	6400	20000

注：*分配率＝各项成本 ÷ 总产量

直接材料分配率 =30000÷4800=6.25

甲产品应分配的直接材料 =3200×6.25=20000

乙产品应分配的直接材料 =1600×6.25=10000

表 12-7　联产品成本计算表（相关销售价值分配法）

金额单位：元

产品名称	产量 / 千克	销售单价	销售价值	分配率	应负担的成本			
					直接材料	直接人工	制造费用	合计
甲	3200	50	160000	62.5%	18750	6750	12000	37500
乙	1600	60	96000	37.5%	11250	4050	7200	22500
合计	4800		5120	100%	30000	10800	19200	60000

【副产品】

12.3 副产品

12.3.1 副产品的概念

副产品是指在生产主要产品的过程中，附带生产出一些非主要产品。它不是企业的主要产品，但尚有一定的用途，能满足某些方面的需要，如在肥皂生产中产生的甘油等。有些企业对在生产过程中所产生的一些废气、废水、废渣进行综合利用、回收或提炼而出来的产品，也可以称为副产品。

联产品都是主要产品，是企业生产活动的主要目的；副产品是次要产品，随主要产品附带生产出来，依附于主要产品，不是企业生产活动的主要目的。主副产品不是固定不变的，随着各种条件的变化，副产品也能转为主要产品。原来的副产品，由于新的用途而提高售价，就有可能从副产品上升为主产品。

12.3.2 副产品的成本计算方法

副产品成本计算主要是指副产品成本计价，即要确定副产品应负担的分离点前的联合成本。在分配主产品和副产品的生产成本时，通常先确定副产品的生产成本，再确定主产品的生产成本。

副产品在分离后，可以作为产成品直接对外销售，也可以进一步加工后再出售。所以，副产品成本计价将由于这两种不同的情况而分别采用以下两种方法。

1. 直接对外销售副产品的成本计算

（1）副产品不负担联合成本。如果副产品的价值较低，副产品可以不负担分离前的联合成本，联合成本全部由主产品负担，副产品的销售收入直接作为其他业务利润处理。

（2）副产品作价扣除。按销售价格扣除税金、销售费用和合理利润后的余额，作为副产品应负担的成本从联合成本中扣除。副产品的成本既可以从直接材料成本项目中扣除，又可以按比例从联合成本各成本项目中减除。

【例 12-6】某企业在生产 A 产品时，附带生产出 B 副产品。20×× 年 3 月份共发生联合成本 174000 元，其中，直接材料 121800 元，直接人工 20880 元，制造费用 31320 元。B 副产品产量为 3000 件，单位产品售价 4 元，销售费用总额 2400 元，销售税金总额 1600 元，单位产品正常利润 0.6 元。假定副产品成本按比例从各成本项目中扣除。

根据题意，计算本期 B 副产品总成本。

B 副产品总成本 $=3000\times4-2400-1600-3000\times0.6=6200$（元）

根据 B 副产品总成本，按联合成本各成本项目比重，计算分离副产品成本，确定主产品成本，计算结果见表 12-8。

表 12–8　副产品成本计算表

20××年3月　　单位：元

成本项目	总成本	成本项目比重	B 副产品负担成本	A 主产品负担成本
直接材料	121800	70%	4340	117460
直接人工	20880	12%	744	20136
制造费用	31320	18%	1116	30204
合计	174000	100%	6200	167800

表 12–8 的计算过程如下：

直接材料成本项目比重 =121800÷174000=70%

直接人工成本项目比重 =20880÷174000=12%

制造费用成本项目比重 =31320÷174000=18%

B 副产品应负担的直接材料费用 =6200×70%=4340（元）

B 副产品应负担的直接人工费用 =6200×12%=744（元）

B 副产品应负担的制造费用 =6200×18%=1116（元）

B 副产品总成本 =4340+744+1116=6200（元）

A 主产品应负担的成本 = 联合成本 – B 副产品负担成本

2. 需进一步加工的副产品的成本计算

（1）副产品只负担可归属成本。采用这种方法时，副产品不负担分离前的联合成本，联合成本全部由主产品负担，副产品只负担分离后进一步加工的成本。显而易见，这种方法简便、易行，但是它少计了副产品的成本，多计了主产品的成本。

（2）副产品成本按计划单位成本计算。如果副产品进一步加工所需时间不长，费用不大，为简化成本计算工作，可以只设主产品成本计算单，不设副产品成本计算单。副产品按计划单位成本计价，并将其计划成本从主产品成本计算单中转出，余额即为主产品的成本。

（3）产品成本按应负担的联合成本加上可归属成本计价。对于分离后需进一步加工才能出售的副产品，如果其价值相对较高，则需计算分离前应负担的联合成本和可归属成本，以确保主产品成本计算的合理性。在这种方法下，副产品负担的联合成本，可采用前述方法，按销售价格扣除销售费用、销售税金、正常利润后再减去进一步加工的成本后的价值计算，将其从联合成本中扣除。

12.4　等级品

等级品是指企业使用相同原材料，经过同一生产过程生产出来的品种相同但品级或质量不同的产品，如电子元件、纺织品等。

等级品与联产品、副产品是不同的概念，虽然它们都是使用同一种原材料，经过相同生产过程生产出来的产品，但联产品、副产品是指一组性质不同、用途不同的产品；而每种联产品、副产品质量比较一致；等级品是性质、用途相同的同一种产品，只是由于质量的高下之分而使得其销售单价相应分为不同等级。

等级品与非合格品也是两个不同的概念。等级品分为一等品、二等品、三等品等，但二等品、三等品并不是非合格品，它们与一等品在质量上的差别是在允许的设计范围之内，这些差别一般不影响产品的正常使用。而非合格品是等级以下的产品，其质量指标没有达到设计的要求，属于废品范围。

同步测试题

一、单项选择题

1. 系数法是(　　)的一种，系数一经确定，应相对稳定，不应任意变更。

A. 分类法　　B. 分批法

C. 定额法　　D. 分步法

2. 采用分类法的目的是(　　)。

A. 简化各种产品的成本计算工作　　B. 分类计算产品成本

C. 简化种类产品成本计算工作　　D. 准确计算各种产品的成本

3. 在计算主产品成本时，将副产品的成本从联合成本中扣除，其中一种方法是从(　　)成本项目中扣除。

A. 直接人工　　B. 制造费用

C. 直接材料　　D. 燃料及动力

4. 分类法是在产品品种、规格繁多，但可以按一定标准对产品进行分类的情况下，为了下列目的而采用的方法，即(　　)。

A. 加强成本管理　　B. 简化成本计算工作

C. 计算各种产品成本　　D. 计算各类产品成本

二、多项选择题

1. 采用系数法时，被选定为标准产品的产品，应具备下列条件(　　)。

A. 产销量小　　B. 产销量大

C. 生产正常、售价稳定　　D. 规格适中

2. 采用分类法计算产品成本时，关键是(　　)的确定是否恰当。

A. 产品的分类　　B. 产品的售价

C. 分配标准　　D. 系数

三、判断题

1. 只要产品的品种、规格繁多，就可以采用分类法计算产品成本。(　　)

2. 用分类法计算出的类内各产品的成本具有一定的假定性。(　　)

3. 副产品在与主产品分离以后还要进行加工的，应按其分离后的生产特点和管理要求计算成本。(　　)

4. 分类法是以产品类别为成本计算对象的一种产品成本的基本方法。(　　)

5. 主产品与副产品在分离前应合为一类产品计算成本。(　　)

第13章
成本报表的编制和分析

【学习目标】

【编制成本报表】

（1）了解成本报表的种类。
（2）理解成本报表的编制。
（3）掌握成本分析的方法。

【思维导图】

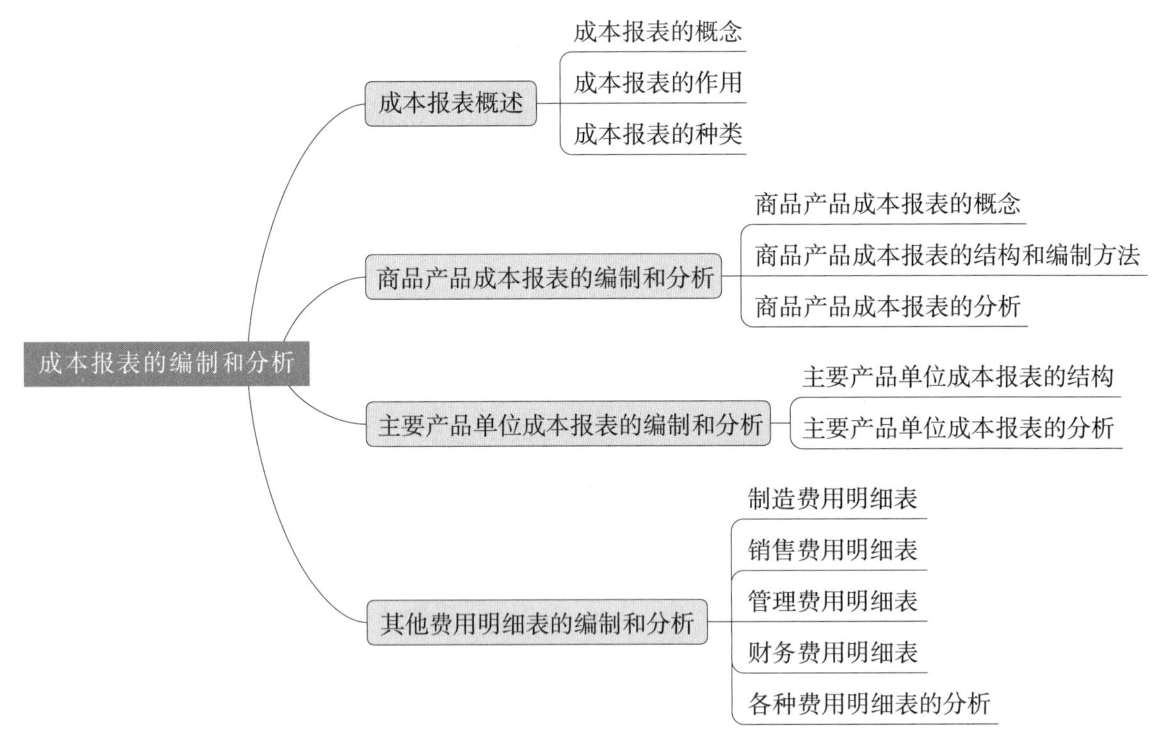

【案例导入】

某企业对产品的成本制订了严格的计划，并要求各部门严格按照计划执行，但发现该产品的单位成本还是逐年上升。于是，该企业决定逐项分析企业产品计划成本的执行情况。会计人员将产品成本的各成本项目和计划进行比较，发现材料耗用较计划有所上升，而其他项目基本持平。于是，会计人员分析直接材料中的原材料、辅助材料、动力费等项目，并将这些项目和计划成本进行比较，发现辅助材料耗用较计划成本有所上升，其他项目基本持平；而辅助材料的耗用之所以逐年上升，原因在于缺乏辅助材料的管理，在辅助材料的领用上没有专人管理，导致各生产部门随意领用，因此成本上升。可见，将各年的成本项目同计划进行比较，能将成本上升的原因具体到各责任部门，以促进企业加强成本管理。将产品成本的各项目在表格中同计划进行比较，可形成一张成本报表，这类报表主要是为满足内部管理需要而编制的。

13.1　成本报表概述

13.1.1　成本报表的概念

会计报表按报送对象不同，可分为对内报表和对外报表。成本报表是企业内部报表中的主要报表，是按照企业成本管理的需要，根据产品成本和期间费用的核算资料及其他有关资料编制的，用以反映企业一定时期产品成本、期间费用及其他专项成本水平及其构成情况的报告文件。根据我国现行会计制度规定，成本报表不作为企业向外报送的会计报表，主要是为满足内部管理需要而编制的。

13.1.2　成本报表的作用

成本报表是进行成本分析的主要依据。成本报表的主要作用是向企业职工、各管理职能部门和企业领导及上级主管部门提供成本信息，用以加强成本管理，挖掘降低成本的潜力。

（1）企业和主管企业的上级机构（或公司）利用成本报表，可以检查企业成本计划的执行情况，考核企业成本工作绩效，对企业成本工作进行评价。

（2）通过成本报表分析，可以揭示影响产品成本指标和费用项目变动的因素和原因，从生产技术、生产组织和经营管理等各个方面挖掘节约费用支出和降低产品成本的潜力，提高企业生产耗费的经济效益。

（3）成本报表提供的实际产品（或经营业务）成本和费用支出的资料，不仅可以满足企业、车间和部门加强日常成本、费用管理的需要，而且是企业进行成本、利润的预测、决策，编制产品成本和各项费用计划，制定产品价格的重要依据。

13.1.3　成本报表的种类

1. 按成本报表反映的内容分类

（1）反映产品成本情况的报表。这类报表主要有商品产品成本表、主要产品单位成本表等。通过这类报表可以揭示企业为生产一定产品所付出成本是否达到了预定的要求。在这类报表中，可以将报告期实际成本水平与计划成本水平、历史成本水平、同行业成本水平进行比较，以反映成本管理工作的成效，并为深入进行成本分析、挖掘降低成本的潜力提供资料。

（2）反映费用支出情况的报表。这类报表主要有制造费用明细表、管理费用明细表、销售费用明细表等。通过这类报表，可以了解企业在一定时期内费用支出的总额及其构成的情况，了解费用支出的合理程度和变动趋势，以便于企业管理部门正确制定费用预算，考核各项消耗和支出指标的完成情况，明确各有关部门和人员的经济责任。

（3）反映专项成本的报表。这类报表主要有生产情况表、材料耗用表、材料差异分析表等。这类报表属于专题报表，主要反映生产中影响产品生产成本的某些特定的重要问题，一般依据实际需要灵活设置。

2. 按成本报表的编制时间分类

成本报表在报送内容上虽不像财务报表那样规范，尤其是在报送时间上具有很大的灵活性，但主要报表仍可按编报时间分为年报、季报、月报、旬报、日报等。

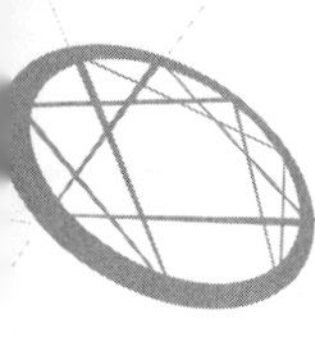

13.2 商品产品成本报表的编制和分析

13.2.1 商品产品成本报表的概念

商品产品成本报表是企业用于报告其内部生产的全部产品（包括可比产品和不可比产品）的总成本和主要产品的单位成本的会计报表。

编制商品产品成本报表是为了考核企业全部产品的成本执行情况及可比产品成本降低任务的完成情况，以便分析成本增减变化的原因，找出进一步降低成本的途径。

13.2.2 商品产品成本报表的结构和编制方法

商品产品成本报表（表13–1）分为基本报表和补充资料两部分，基本报表又分为可比产品成本和不可比产品成本两部分。

表13–1 商品产品成本报表

××工厂　　　　20××年9月　　　　单位：元

产品名称	计量单位	实际产量		单位成本				本月总成本			本年累计总成本		
		本月	本年累计	上年实际平均	本年计划	本月实际	本年累计实际平均	按上年实际平均单位成本计	按本年计划单位成本计	本月实际	按上年实际平均单位成本计	按本年计划单位成本计	本年实际
可比产品合计								19400	19100	18850	270000	266000	269400
其中：甲产品	件	50	500	84	82	83	81	4200	4100	4150	42000	41000	40500
乙产品	件	20	300	760	750	735	763	15200	15000	14700	228000	225000	228900
不可比产品合计									2110	2119		23550	23780
其中：丙产品	件	8	70		125	128	126		1000	1024		8750	8820
丁产品	件	3	40		370	365	374		1110	1095		14800	14960
全部产品成本									21210	20969		289550	293180

补充资料：

（1）可比产品成本降低额600元（本年计划降低额为2800元）。

（2）可比产品成本降低率0.2222%（本年计划降低率为1.5086%）。

（3）按现行价格计算的商品产值为921000元，产值成本率31.83元/百元（本年计划产值成本率为31元/百元）。

可比产品是指企业过去曾经正式生产过，有完整的成本资料可以进行比较的产品；不可比产品是指企业本年度初次生产的新产品，或虽非初次生产，但以前仅属试制而未正式投产的产品，缺乏可比的成本资料。

（1）“实际产量”项目：根据成本计算单等资料所记录的本月和自年初到本月末止的各种产品实际产量填列。

（2）“上年实际平均单位成本”项目：根据上年度本表所列各种可比产品的全年累计实际平均单位成本填列。

（3）“本年计划单位成本”项目：根据年度成本计划的有关资料填列。

（4）“本月实际单位成本”：根据产品成本明细账中的资料计算填列。计算公式为“某产品本月实际单位成本 = 该产品本月实际总成本 ÷ 该产品本月实际产量”。

（5）“本年累计实际平均单位成本”项目：根据有关产品成本明细账资料计算填列。计算公式为“某产品本年累计实际平均单位成本 = 该产品本年累计实际总成本 ÷ 该产品本年累计实际产量”。

（6）“本月总成本”各项目：根据本月实际产量与相应单位成本之积填列。

其中，按上年实际平均单位成本计算的本月总成本 = 本月实际产量 × 上年实际平均单位成本；按本年计划平均单位成本计的本月总成本 = 本月实际产量 × 本年计划单位成本。

（7）“本月实际”项目：根据本月有关产品成本明细账的记录填列。

（8）“本年累计总成本”项目：根据自年初到本月末止的本年累计产量分别乘以上年实际平均单位成本、本年计划单位成本和本年累计实际平均单位成本的积填列。

表 13–1 中，补充资料包括可比产品成本降低额、可比产品成本降低率、按现行价格计算的商品产值和产值成本率。其中，按现行价格计算的商品产值根据有关的统计资料填列，其他 3 项根据表中有关数字的计算公式如下：

可比产品成本降低额 = 可比产品按上年实际平均单位成本计算的本年累计总成本 – 本年累计实际总成本

可比产品成本降低率 =（可比产品成本降低额 ÷ 可比产品按上年实际平均单位成本计算的本年累计总成本）× 100%

产值成本率（元 / 百元）=（产品总成本 ÷ 商品产值）× 100%

表 13–1 中，可比产品成本降低额和可比产品成本降低率的计算如下：

可比产品成本降低额 =270000–269400=600（元）

可比产品成本降低率 =600 ÷ 270000 × 100% ≈ 0.2222%

产值成本率 =293180 ÷ 921000 × 100% ≈ 31.83（元 / 百元）

13.2.3 商品产品成本报表的分析

1. 对全部产品成本计划的完成情况进行总括评价

根据上述商品产品成本报表资料编制分析表，见表 13–2。

表 13–2 本年累计全部商品产品成本计划完成情况分析表

单位：元

产品名称	计划总成本	实际总成本	实际比计划升降额	实际比计划升降率
一、可比产品	266000	269400	+3400	+1.28%
其中：甲产品	41000	40500	–500	–1.22%
乙产品	225000	228900	+3900	+1.73%
二、不可比产品	23550	23780	+230	+0.98%
其中：丙产品	8750	8820	+70	+0.80%
丁产品	14800	14960	+160	+1.08%
合计	289550	293180	+3630	+1.25%

计算表明，虽然本月全部产品总成本（20969 元）实际低于计划（21210 元），但本年累计实际总成本却超过计划 3630 元，增长 1.25%。其中，可比产品成本实际比计划超支 3400 元，主要是乙产品成本超支 3900 元，而甲产品成本是降低的；不可比产品成本实际比计划超支 230 元，丙、丁产品成本都超支了。显然，进一步分析的重点在于查明乙产品成本超支的原因。

为了把企业产品的生产耗费和生产成果联系起来，需要综合评价企业生产经营的经济效益。在全部产品成本计划完成情况的总评价中，还应包括产值成本率指标的分析。从表13–1补充资料中得知，本年累计实际产值成本率为31.83元/百元，比计划超支0.83元/百元，说明该企业生产耗费的经济效益有所下降。

2. 分析可比产品成本降低计划的完成情况

可比产品成本降低计划指标和计划完成情况的资料分别反映在企业的成本计划和成本报表中。

假定企业本年可比产品成本降低计划表见表13–3。

表13–3 可比产品成本降低计划表

单位：元

可比产品	全年计划产量/件	单位成本		总成本		计划降低指标	
		上年实际平均	本年计划	按上年实际平均单位成本计算	按本年计划单位成本计算	降低额	降低率
甲产品	400	84	82	33600	32800	800	2.3810%
乙产品	200	760	750	152000	150000	2000	1.3158%
合计	—	—	—	185600	182800	2800	1.5086%

可比产品成本降低额=185600–182800=2800（元）

可比产品成本降低率=2800÷185600×100%≈1.5086%

可比产品成本降低计划的完成情况，详见根据商品产品成本报表编制的分析表，见表13–4。

表13–4 可比产品成本降低计划完成情况分析表

单位：元

可比产品	总成本		计划完成情况	
	按上年实际平均单位成本计算	本年实际	升降额	升降率
甲产品	42000	40500	–1500	–3.5714%
乙产品	228000	228900	+900	+0.3947%
合计	270000	269400	–600	–0.2222%

要分析可比产品成本降低计划的完成情况，首先应确定分析的对象，即以可比产品成本实际降低额、降低率指标与计划降低额、降低率指标进行比较，确定实际脱离计划的差异。因为，

计划降低额2800元　　计划降低率1.5086%

实际降低额600元　　实际降低率0.2222%

所以，实际脱离计划差异为

降低额=600–2800=–2200（元）

降低率=0.2222%–1.5086%=–1.2864%

可以看出，可比产品成本降低计划没有完成，降低额实际比计划减少2200元或降低率实际比计划低1.2864个百分点。

3. 确定影响可比产品成本降低计划完成情况的因素和各因素的影响程度

（1）产品产量。成本降低计划是根据计划产量制订的，实际降低额和降低率都是根据实际产量计算的。因此，产量的增减必然会影响可比产品成本降低计划的完成情况。但是，产量变动影响有其特点：假定其他条件不变，即产品品种构成和产品单位成本不变，单纯产量变动只影响成本降低额，而不影响成本降低率。

（2）产品品种构成。产品品种构成发生变动时，会影响可比产品成本降低额和降低率升高或降低。在分析时，之所以要单独计量产品品种构成变动影响，目的在于揭示企业取得降低产品真实成果的具体途径，从而对企业工作做出正确评价。

（3）产品单位成本。可比产品成本计划降低额是本年度计划成本比上年度（或以前年度）实际成本的降低数，而实际降低额则是本年度实际成本比上年度（或以前年度）实际成本的降低数。因此，当本年度可比产品实际单位成本比计划单位成本降低或升高时，必然会引起成本降低额和降低率的变动。产品单位成本的降低意味着生产中活劳动和物化劳动消耗的节约，分析时应特别注意这一因素的变动影响。

13.3 主要产品单位成本报表的编制和分析

主要产品是指企业经常生产，在企业全部产品中所占比重较大，能概括反映企业生产经营面貌的那些产品。主要产品单位成本报表是反映企业在报表期内生产的各种主要产品单位成本构成情况的报表。该表应按主要产品分别编制，是对商品产品成本报表所列各种主要产品成本的补充说明。

13.3.1 主要产品单位成本报表的结构

主要产品单位成本报表的主要特点是按产品的成本项目分别反映产品单位成本及成本项目历史先进水平、上年实际平均、本年计划、本月实际和本年累计实际平均的成本资料。

该表可以反映出主要产品单位成本变动的原因，见表 13–5。

表 13–5 主要产品单位成本报表

20×× 年 12 月

产品名称：乙　　计量单位：件　　本月计划产量：18 件

产品规格：××　　销售单价：860 元　　本月实际产量：20 件

本年累计计划产量：200 件

本年累计实际产量：300 件

成本项目		历史先进水平	上年实际平均	本年计划	本月实际	本年累计实际平均
直接材料		510	550	550	522	482
直接人工		81	86	82	75	78
制造费用		137	124	118	138	203
产品单位成本		728	760	750	735	763
主要技术经济指标	**计量单位**	**耗用量**	**耗用量**	**耗用量**	**耗用量**	**耗用量**
A 材料	千克	19	21	20	18	18
B 材料	千克	32	33	32	30	34

在表13–5中，各项数字填列方法如下所列。

（1）产量：本月及本年累计计划产量应根据生产计划填列；本月及本年累计实际产量应根据产品成本明细账或产成品成本汇总表填列；销售单价应根据产品定价表填列。

（2）单位成本：历史先进水平应根据历史上该种产品成本最低年度本表的实际平均单位成本填列；上年实际平均单位成本应根据上年度本表实际平均单位成本填列；本年计划单位成本应根据本年度成本计划填列；本月实际单位成本应根据产品成本明细账或产成品成本汇总表填列；本年累计实际平均成本应根据该种产品成本明细账所记自年初至报告期末完工入库产品实际总成本除以累计实际产量计算填列。

（3）主要技术经济指标：是指该种产品主要原材料的耗用量，应根据业务技术核算资料填列。

13.3.2 主要产品单位成本报表的分析

分析主要产品单位成本报表的意义，在于揭示各种产品单位成本及其各个成本项目的变动情况，尤其是各项消耗定额的执行情况；确定产品结构、工艺和操作方法的改变，以及有关技术经济指标变动对产品单位成本的影响；查明产品单位成本升降的具体原因。

分析时，主要依据主要产品单位成本报表、成本计划和各项消耗定额资料，以及反映各项技术经济指标的业务技术资料等。分析的程序一般是先检查各种产品单位成本实际比计划、比上年实际、比历史最好水平的升降情况，再按成本项目分析其增减变动，查明造成单位成本升降的具体原因。为了在更大的范围内找差距、挖潜力，在可能的条件下，还可以进行厂际同种类产品单位成本的对比分析。

1. 原材料费用的分析

原材料费用的变动主要受单位产品原材料消耗数量和原材料价格两个因素的变动影响。其变动影响可用差额计算方法：

原材料消耗数量变动的影响 =（实际单位耗用量 − 计划单位耗用量）×
原材料计划单价（量差）

原材料价格变动的影响 =（原材料实际单价 − 原材料计划单价）×
原材料实际耗用量（价差）

【例13–1】有关资料详见表13–6。

表13–6　乙产品原材料费用分析表

原材料名称	计量单位	耗用量		单价／元		原材料费用／元		差异	
		计划	实际	计划	实际	计划	实际	数量	金额／元
A	千克	20	18	13.50	14	270	252	−2	−18
B	千克	32	30	8.75	9	280	270	−2	−10
合计		—				550	522		−28

乙产品原材料费用实际比计划降低28元，其中，

① 由于耗用量变动：

A材料	−2 × 13.50= −27（元）
B材料	−2 × 8.75= −17.50（元）
合计	−44.50（元）

② 由于价格变动：

A 材料	（14－13.50）× 18= 9（元）
B 材料	（9－8.75）× 30=7.50（元）
合计	16.50（元）

两个因素变动共使乙产品原材料费用降低 28 元(即 －44.50+16.50)。

在上述两个因素中，原材料价格变动多属外界因素，需结合市场供求和材料价格变动情况具体分析。这里重点分析原材料消耗数量的变动情况和变动原因。计算表明，由于原材料消耗数量变动，乙产品单位产品原材料费用降低 44.5 元。

影响单位产品原材料消耗数量变动的原因很多，归纳起来主要有以下 6 个。

（1）产品或产品零部件结构的变化。在保证产品质量的前提下，改进产品设计，使产品结构合理、体积缩小、重量减轻，就能减少原材料消耗、降低原材料费用。

（2）原材料加工方法的改变。改进工艺和加工方法或采取合理的套裁下料措施，减少毛坯的切削余量和工艺损耗，就能提高原材料利用率、节约原材料消耗、降低产品成本。

（3）材料质量的变化。实际耗用的原材料质量如高于计划规定，可能会提高产品质量，或者节约材料消耗，但材料费用会升高；反之，如果质量低于计划要求，价格虽低，但会增大材料消耗量、增加生产操作时间，或者降低产品质量。

（4）原材料代用或配料比例的变化。在保证产品质量的前提下，采用廉价的代用材料、经济合理的技术配方，就会节约原材料消耗或降低原材料费用。

（5）原材料综合利用。有些工业企业在利用原材料生产主产品的同时，还生产副产品，开展原材料的综合利用。这样就可以将同样多的原材料费用分配到更多品种和数量的产品上，从而降低主产品的原材料费用。

（6）生产中产生废料数量和废料回收利用情况的变化。

2. 直接人工的分析

分析产品单位成本中的直接人工，必须按照不同的工资制度和工资费用计入成本的方法来进行。

在计件工资制度下，计件单价不变，单位成本中的工资费用一般也不变，除非生产工艺或劳动组织方面有所改变，或者出现了问题。

在计时工资制度下，如果企业生产多种产品，产品成本中的工资费用一般是按生产工时比例分配计入的。这时产品单位成本中工资费用的多少，取决于生产单位产品的工时消耗和小时工资率两个因素。生产单位产品消耗的工时越少，成本中分摊的工资费用就越少，而小时工资率的变动则受计时工资总额和生产工时总数的影响，其变动原因仍需要从这两个因素的总体去查明。

单位产品工时数量变动影响 =（实际工时 － 计划工时）× 计划工资单价

工资单价变动影响 =（实际工资单价 － 计划工资单价）× 实际工时

【例 13－2】 某企业直接人工工资分析资料表见表 13–7。

表 13–7　工资分析资料表

项目	计划	实际	差异
单位产品耗用工时 / 小时	16.4	18.75	+2.35
工资单价 /（元 / 小时）	5	4	–1
单位产品工资费用 / 元	82	75	–7

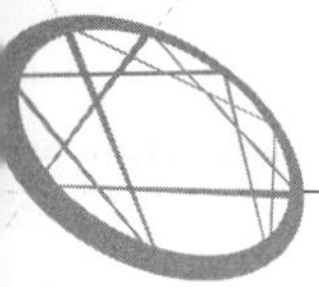

由于单位产品工时数量变动影响	（18.75－16.4）×5＝11.75（元）
由于工资单价变动影响	（4－5）×18.75＝－18.75（元）
合计	－7（元）

两个因素变动共使乙产品直接人工费用降低 7 元（即 －18.75+11.75）。

可以看出，乙产品单位成本中工资费用实际比计划降低了 7 元，主要是受工资单价降低的影响。

在以上分析的基础上，进一步分析影响工时数量变动和生产工人工资变动的原因。

3. 制造费用的分析

制造费用的分析，与上述计时工资分析情况类似，不再赘述。

13.4 其他费用明细表的编制和分析

13.4.1 制造费用明细表

制造费用明细表是反映企业在报告期内发生的全部制造费用及其构成情况的报表，见表 13–8。

表 13–8 制造费用明细表

20×× 年 3 月　　　　单位：元

项目	本年计划数	上年同期实际数	本月实际数	本年累计实际数
职工薪酬	（略）	（略）	（略）	4150
机物料消耗				581
折旧费				7860
修理费				3530
办公费				785
取暖费				1230
水电费				1435
差旅费				2790
低值易耗品摊销				658
劳动保护费				780
租赁费				0
运输费				540
保险费				4100
设计制图费				710
试验检验费				514
在产品盘亏和毁损（减盘盈）				315
其他				0
制造费用合计				29978

该表按制造费用项目分别反映各该费用的本年计划数、上年同期实际数、本月实际数和本年累计实际数。其中，本年计划数应根据成本计划中的制造费用计划填列；上年同期实际数应根据上年同期本表的累计实际数填列；本月实际数应根据“制造费用”总账科目所属各基本生产车间制造费用明细账的本月合计数汇总计算填列；本年累计实际数应根据这些制造费用明细账的月合计数汇总计算填列。

13.4.2　销售费用明细表

销售费用明细表是反映企业在报告期内发生的全部销售费用及其构成情况的报表，见表 13-9。

表 13-9　产品销售费用明细表

20×× 年 3 月　　　　单位：元

项目	本年计划数	上年同期实际数	本月实际数	本年累计实际数
职工薪酬	（略）	（略）	（略）	2808
折旧费				393
业务费				1030
运输费				3870
装卸费				2090
包装费				3670
保险费				896
展览费				0
广告费				4120
差旅费				1280
租赁费				0
物料消耗				540
办公费				796
委托代销手续费				0
销售服务费				0
通信费				896
其他				0
合计				22389

该表按产品销售费用项目分别反映各该费用的本年计划数、上年同期实际数、本月实际数和本年累计实际数。其中，本年计划数应根据本年产品销售费用计划填列；上年同期实际数应根据上年同期本表的累计实际数填列；本月实际数应根据“产品销售费用”明细账的本月合计数填列；本年累计实际数应根据产品销售费用明细账的本月末累计数填列。

13.4.3 管理费用明细表

管理费用明细表是反映企业在报告期内发生的全部管理费用及其构成情况的报表，见表13–10。

表13–10 管理费用明细表

20×× 年3月 单位：元

项目	本年计划数	上年同期实际数	本月实际数	本年累计实际数
职工薪酬	（略）	（略）	（略）	9850
折旧费				1379
研究开发费				3250
办公费				1131
差旅费				2820
运输费				4818
保险费				1980
修理费				3260
咨询费				1780
诉讼费				890
物料消耗				718
无形资产摊销				680
通信费				780
技术转让费				390
业务招待费				3860
工会经费				1980
职工教育经费				2510
材料、产成品盘亏和毁损（减盘盈）				7562
其他				2720
合计				52358

该表按管理费用项目分别反映各该费用的本年计划数、上年同期实际数、本月实际数和本年累计实际数。其中，本年计划数应根据公司（总厂）或企业行政管理部门的管理费用计划填列；上年同期实际数应根据上年同期本表的累计实际数填列；本月实际数应根据管理费用明细账的本月合计数填列；本年累计实际数应根据管理费用明细账的本月末的累计数填列。

13.4.4 财务费用明细表

财务费用明细表是反映企业在报告期内发生的全部财务费用及其构成情况的报表，见表13–11。

表 13–11　财务费用明细表

20×× 年 3 月　　　　单位：元

项目	本年计划数	上年同期实际数	本月实际数	本年累计实际数
利息支出（减利息收入）	（略）	（略）	（略）	4150
汇兑损失（减汇兑收益）				2280
调剂外汇手续费				768
金融机构手续费				0
其他筹资费用				0
合计				7198

该表按财务费用项目分别反映各该费用的本年计划数、上年同期实际数、本月实际数和本年累计实际数。其中，本年计划数应根据本年财务费用计划填列；上年同期实际数应根据上年同期本表的累计实际数填列；本月实际数应根据财务费用明细账的本月合计数填列；本年累计实际数应根据财务费用明细账本月末的累计数填列。

13.4.5　各种费用明细表的分析

制造费用、产品销售费用、管理费用和财务费用，都是由许多具有不同经济性质和不同经济用途的费用组成的。这些费用支出的节约或浪费，往往与公司（总厂）的行政管理部门和生产车间工作的质量，以及有关责任制度、节约制度的贯彻执行情况密切相关。因此，向各有关部门、车间呈报上述报表，分析这些费用的支出情况，不仅是促进节约各项费用支出、杜绝一切铺张浪费、不断降低成本和增加盈利的重要途径，而且是推动企业改进生产经营管理工作、提高工作效率的重要措施。

对上述各种费用进行分析，首先，应根据表中资料将本年实际与本年计划相比较，确定实际脱离计划差异；然后，分析差异的原因。由于各种费用所包括的费用项目具有不同的经济性质和用途，各项费用的变动又分别受到不同因素变动的影响，因此在确定费用实际支出脱离计划差异时，应按各组成项目分别进行，而不能只检查各种费用总额计划的完成情况，也不能用其中一些费用项目的节约来抵补其他费用项目的超支；同时，要注意不同费用项目支出的特点，不能简单地把任何超过计划的费用支出都看作不合理。同样，对某些费用项目支出的减少也要做具体分析：有的可能是企业工作成绩，有的则可能是企业工作中的问题。不能孤立地看费用是超支了还是节约了，而应结合其他有关情况、各项技术组织措施效果来分析，并结合各项费用支出的经济效益进行评价。

在按费用组成项目进行分析时，由于费用项目多，因此每次分析只能抓住重点，对其中费用支出占总支出比重较大的，或与计划相比发生较大偏差的项目进行分析。特别应注意那些非生产性的损失项目，如材料、在产品和产成品等存货的盘亏和毁损，因为这些费用的发生与企业管理不善直接相关。

分析时，除了将本年实际与本年计划相比较，检查计划完成情况外，为了从动态上观察、比较各项费用的变动情况和变动趋势，还应将本月实际与上年同期实际进行比较，以了解企业工作的改进情况，并将这一分析与推行经济责任制结合、与检查各项管理制度的执行情况结合，以推动企业改进经营管理、提高工作效率、降低各项费用支出。

为了深入地查找制造费用、产品销售费用、管理费用和财务费用变动的原因，评价费用支出的合理性，寻求降低各种费用支出的途径和方法，也可按费用的用途及影响费用变动的因素，将上述费用包括的各种费用项目按以下类别归类后进行研究。

1. 生产性费用

生产性费用包括制造费用中的折旧费、修理费、机物料消耗等，其变动与企业生产规模、生产组织、设备利用程度等相关。这些费用的特点是，在业务量一定的范围内相对固定，超过这个范围就可能上升。分析时，应根据这些费用的特点，结合有关因素的变动评价其变动的合理性。

2. 管理性费用

管理性费用包括行政管理部门人员的工资、办公费、业务招待费等，其多少主要取决于企业行政管理系统的设置和运行情况，以及各项开支标准的执行情况。分析时，除将明细项目与限额指标比较分析其变动原因外，还应从紧缩开支、提高工作效率的要求出发，检查企业对精简机构、减少层次、合并职能、压缩人员等措施的执行情况。

3. 发展性费用

发展性费用包括职工教育经费、设计制图费、试验检验费、研究开发费等，其与企业的发展相关，实际上是对企业未来的投资。但是，这些费用应当建立在规划的合理、经济、可行的基础上，而不是盲目地进行研究开发或职工培训，应将费用的支出与取得的效果结合起来进行分析评价。

4. 防护性费用

防护性费用包括劳动保护费、保险费等，其变动直接与劳动条件的改善、安全生产等相关。显然，对这类费用的分析不能认为支出越少越好，而应结合劳动保护工作的开展情况，分析费用支出的效果。

5. 非生产性费用

非生产性费用主要指材料、在产品、产成品的盘亏和毁损等。分析这类费用发生的原因，必须从检查企业生产工作质量、各项管理制度是否健全，以及库存材料、在产品和产成品的保管情况入手，把分析与推行、加强经济责任制结合起来。

同步测试题

一、单项选择题

1. 可比产品成本降低额与降低率之间的关系（　　）。

A. 成反比　　B. 成正比

C. 同方向变动　　D. 无直接关系

2. 企业成本报表是（　　）。

A. 对外报送的报表

B. 对内编报的报表

C. 有关部门规定哪些指标对外公布，哪些指标不对外公布

D. 根据债权人和投资人的要求，确定哪些指标对外公布、哪些指标不对外公布

3. 企业成本报表的种类、项目、格式和编制方法由（　　）。

A. 国家统一规定　　B. 企业自行制定

C. 企业主管部门统一规定　　D. 企业主管部门与企业共同制定

4. 采用连环替代法，可以揭示（　　）。

A. 产生差异的因素　　B. 实际数与计划数之间的差异

C. 产生差异的因素和各因素的影响程度　　D. 产生差异的因素和各因素的变动原因

5. 可比产品是指（　　）。

A. 企业过去曾经正式生产过，有完整的成本资料可以进行比较的产品

B. 企业过去曾经生产过的产品

C. 有完整的定额成本资料可以进行比较的产品
D. 在行业中正式生产过，有完整的成本资料可以进行比较的产品
6. 下列关于主要产品单位成本报表的说法，错误的是(　　)。
A. 主要产品单位成本报表是反映企业在报告期内生产的各种主要产品单位成本构成情况的报表
B. 主要产品单位成本报表应按主要产品分别编制
C. 主要产品单位成本报表是对商品产品生产成本报表的补充说明
D. 主要产品单位成本报表是反映企业在报告期内全部产品单位成本构成情况的报表
7. 在生产单一品种的情况下，影响可比产品成本降低额变动的因素仅是(　　)。
A. 产品产量　　B. 产品单位成本
C. 产品产量和产品单位成本　　D. 产品产量、单位成本和品种结构
8. (　　) 是进行成本分析的主要依据。
A. 成本制度　　B. 成本预测
C. 成本报表　　D. 企业会计准则

二、多项选择题

1. 工业企业成本报表一般包括(　　)。
A. 商品产品生产成本报表　　B. 主要产品单位成本报表
C. 制造费用明细表　　D. 各种期间费用明细表
2. 主要产品单位成本报表反映的单位成本包括(　　)。
A. 本月实际　　B. 历史先进水平
C. 本年计划　　D. 上年实际平均
3. 在生产多品种的情况下，影响可比产品成本降低额变动的因素有(　　)。
A. 产品产量　　B. 产品单位成本
C. 产品价格　　D. 产品品种结构
4. 期间费用明细表，一般按照期间费用项目分别反映费用项目的(　　)。
A. 计划数　　B. 上年同期实际数
C. 本月实际数　　D. 本年累计实际数
5. 成本报表分析的主要内容包括(　　)。
A. 成本计划完成情况分析　　B. 主要产品单位生产成本分析
C. 费用预算执行情况分析　　D. 成本效益分析

三、实训题

1. 练习主要产品单位成本的分析。
资料：海东企业生产甲产品，有关资料见表 13-12、表 13-13。

表 13-12　主要产品单位成本报表

单位：元

成本项目	上年实际平均	本年计划	本年实际
原材料	1862	1890	2047
工资及福利费	150	168	164
制造费用	248	212	209
合计	2260	2270	2420

表 13-13　单位甲产品耗用原材料的资料表

项目	上年实际平均	本年计划	本年实际
原材料消耗量 / 千克	950	900	890
原材料单价 / 元	1.96	2.10	2.30

要求：

（1）根据上述资料，分析甲产品单位生产成本的计划完成情况。

（2）分析影响原材料费用变动的因素和各因素对原材料费用变动的影响程度。

2. 练习可比产品成本降低率计划完成情况分析。

资料：海东企业生产甲、乙产品，两种可比产品成本资料见表13–14。可比产品成本计划降低率为7%。

表13–14　可比产品成本资料表

可比产品	产量/件		单位成本/元		
	计划	实际	上年实际平均	本年计划	本年实际
甲	15	25	200	185	175
乙	20	18	100	95	97.5
合计	—	—	—	—	—

要求：计算可比产品成本降低率计划完成情况，并分析其升降原因。

课程拓展学习

【作业成本法】

【标准成本法 1】

【标准成本法 2】

【同步测试题参考答案】

参考文献

丁增稳，余畅，2020. 成本会计实务［M］. 北京：高等教育出版社 .

黄贤明，王俊生，2019. 成本会计［M］. 5 版 . 北京：中国财政经济出版社 .

梁斌，王伟，2021. 成本核算会计项目化教程实训［M］. 3 版 . 北京：电子工业出版社 .

刘爱荣，刘艳红，谭素娴，2020. 成本会计［M］. 8 版 . 大连：大连理工大学出版社 .

毛波军，2019. 成本会计［M］. 3 版 . 北京：科学出版社 .

王冲冲，艾洪娟，2020. 成本会计：微课版［M］. 北京：清华大学出版社 .

赵峰松，费琳琪，2020. 成本会计：成本核算与管理［M］. 2 版 . 北京：中国人民大学出版社 .

张世体，陈明，2020. 成本会计实务［M］. 上海：立信会计出版社 .

实训活页

【实训活页参考素材】

【实训活页参考答案】

制造业企业基本业务的核算

【实训目的】

练习制造业企业基本业务的核算。

【实训资料】

绿源食品有限公司20××年7月31日各总分类账户及有关明细分类账户期末余额资料分别见附表1、附表2。

附表1 7月31日总分类账户期末余额

序号	账户名称	借方金额	序号	账户名称	贷方金额
1	库存现金	1000	1	累计折旧	30000
2	银行存款	156000	2	其他应付款	5000
3	应收账款	2000	3	应交税费	86000
4	原材料	44000	4	实收资本	243000
5	生产成本	6000	5	本年利润	80000
6	预付账款	1000	6		
7	库存商品	10000	7		
8	固定资产	160000	8		
9	利润分配	64000	9		
合计		444000	合计		444000

附表2 7月31日有关明细分类账户期末余额

序号	总分类账名称	明细分类账名称	借方金额	贷方金额
1	应收账款	A公司	3000	
2		B公司		1000
3	原材料	A材料	20000	
4		B材料	24000	
5	生产成本	甲产品	2000	
6		乙产品	4000	
7	库存商品	甲产品	4000	
8		乙产品	6000	
9	利润分配	未分配利润	64000	

注：

（1）A材料1000千克，B材料2400千克。

（2）甲产品的成本项目构成——直接材料1000元，燃料及动力200元，直接人工500元，制造费用300元，合计2000元。乙产品的成本项目构成——直接材料2400元，燃料及动力300元，直接人工600元，制造费用700元，合计4000元。

绿源食品有限公司20××年8月份发生如下经济业务。

（1）4日，从大兴工厂购入A材料1000千克，每千克20元，共计货款20000元，增值税2600元。材料已验收入库，料款和税款已从银行支付。

（2）6日，从浦江工厂购入B材料8000千克，每千克10元，共计货款80000元，增值税10400元。材料已验收入库，料款和税款已从银行支付。

（3）10日，各部门领用各种材料情况见附表3。

附表3　材料领用情况汇总表

单位：元

耗用材料名称	A材料		B材料		金额合计
领用部门及用途	数量	金额	数量	金额	
生产甲产品直接耗用	500	10000	3000	30000	40000
生产乙产品直接耗用	700	14000	5000	50000	64000
车间一般性消耗	100	2000	1500	15000	17000
行政管理部门耗用	200	4000	500	5000	9000
合计	1500	30000	10000	100000	130000

（4）10日，售出甲产品20台，每台售价4000元，售出乙产品30台，每台售价5000元，共计货款230000元，增值税29900元，存入银行。

（5）13日，计算分配本月份各部门人员工资68400元，其中：生产甲产品工人工资22800元，生产乙产品工人工资34200元，车间技术人员和管理人员工资4560元，行政管理人员工资6840元。

（6）14日，从银行提取现金68400元，备发工资。

（7）15日，以现金68400元支付本月职工工资。

（8）16日，售出甲产品5台给B公司，每台售价4000元，共计货款20000元，增值税2600元，货款和税款尚未收到。

（9）17日，以现金200元支付售出甲产品运杂费。

（10）18日，以银行存款支付本月水电费10000元，其中：生产甲产品耗用3000元，生产乙产品耗用5000元，生产车间照明耗用500元，行政管理部门耗用1500元。

（11）19日，售出乙产品10台给A公司，单价5000元，共计货款50000元，增值税6500元，货款和税款尚未收到。

（12）20日，以银行存款1060元支付行政管理部门办公费。

（13）21日，收到A公司通过银行转来的前欠货款61500元。

（14）22日，以银行存款支付广告费13000元。

（15）23日，以现金440元支付生产车间中小修理费。

（16）24日，以银行存款3500元支付第四季度报刊费。

（17）25日，从银行取得短期借款50000元，存入银行。

（18）31日，计提本月固定资产折旧费8000元，其中生产车间计提6000元，行政管理部门计提2000元。

（19）31日，支付经营租入固定资产租赁费4000元，其中生产车间预提3000元，行政管理部门预提1000元，取得增值税普通发票。

（20）31日，购买办公用品1660元，其中生产车间应负担500元，行政管理部门应负担1160元，取得增值税普通发票。

（21）31日，计算分配本月发生的制造费用32000元，其中：甲产品负担14200元，乙产品负担17800元。

（22）31日，甲产品完工35台，已验收入库，其单位成本为2300元，总成本为80500元；乙产品完工40台，已验收入库，其单位成本为3000元，总成本为120000元。

（23）31日，结转本月售出的25台甲产品的销售成本57500元，结转本月售出的40台乙产品的销售成本120000元。

（24）31日，本月应交城建税15000元。

（25）31日，结转本月甲、乙产品的销售收入300000元。

（26）31日，结转本月甲、乙产品的销售成本177500元。

（27）31日，结转本月所发生的销售费用13200元。

（28）31日，结转本月的税金及附加15000元。

（29）31日，结转本月发生的管理费用22550元。

（30）31 日，计算出本月应纳所得税费用 23574.20 元。
（31）31 日，结转本月计提的所得税费用 23674.20 元。
（32）31 日，开出转账支票上缴税金 90000 元。

【实训要求】

编制以上经济业务的会计分录。

成本费用账户的设置

【实训目的】

练习生产成本、制造费用、期间费用明细账的设置。

【企业概况】

康康制药厂是一家以生产药品为主的企业，设有固体药品和液体药品两个基本生产车间（分别简称“固体车间”“液体车间”）。固体车间生产片剂、颗粒、胶囊等各类固体药品，液体车间生产注射液、口服液等各类液体产品。该企业设有供电、制水两个辅助生产车间，为企业的基本生产车间和其他部门提供注射用水、电力服务。该企业为推销产品、拓展市场专设了销售机构——销售部。该企业厂部还设立了计划采购部、仓管部（下设材料和成品仓库）、研发部、质量检验部、财务部、人力资源部和总经理办公室等职能部门。

20×× 年 3 月，该企业固体车间大量大批单步骤生产“感冒颗粒”和“退热胶囊”两种产品；液体车间大量大批单步骤生产“葡萄糖注射液”和“咳嗽糖浆”两种产品。

【实训要求】

（1）请使用 XMind 等思维导图软件绘制康康制药厂的组织机构图。
（2）根据上述资料，使用 Excel 等表格软件开设康康制药厂相应成本、费用明细账，要根据相应的成本项目设置专栏。其中，生产成本明细账请参考附表 4 的格式。

附表 4　生产成本明细账

总号		

车间：　　　　　　　　　　　　　　　明细科目：

记账凭证				摘要	合计金额	成本项目						
年		类别	号数									
月	日											

材料费用的分配

【实训目的】

练习材料费用的分配。

【实训资料】

某公司20×× 年4月各部门领料情况见附表5至附表17。甲产品、乙产品共同耗用的材料按照定额成本比例分配法分配，两种产品本月产量分别为40件和50件，定额耗用量分别为2.5元/件和2.08元/件。丙产品和丁产品按照产量比例分配法分配，两种产品的产量分别为100件和300件。

附表5　领料单

领用部门：机加工车间　　用途：甲产品　　20×× 年4月1日　　NO.001

材料名称	单位	领用数量	实发数量	单价	发料金额合计
材料1	箱	3050	3000	20	60000

第二联　记账联

制单：张 ××　记账：徐 ××　发料：张 ××　主管：蔡 ××　领料：黄 ××

附表6　领料单

领用部门：机加工车间　　用途：甲产品　　20×× 年4月1日　　NO.002

材料名称	单位	领用数量	实发数量	单价	发料金额合计
材料1	箱	6000	6000	20	120000

第二联　记账联

制单：张 ××　记账：徐 ××　发料：张 ××　主管：蔡 ××　领料：黄 ××

附表7　领料单

领用部门：机加工车间　　用途：乙产品　　20×× 年4月2日　　NO.003

材料名称	单位	领用数量	实发数量	单价	发料金额合计
材料2	箱	1000	1000	30	30000

第二联　记账联

制单：张 ××　记账：徐 ××　发料：张 ××　主管：蔡 ××　领料：黄 ××

附表8　领料单

领用部门：机加工车间　　用途：甲、乙产品　　20×× 年4月10日　　NO.004

材料名称	单位	领用数量	实发数量	单价	发料金额合计
包装材料M	箱	52	51	400	20400

第二联　记账联

制单：张 ××　记账：徐 ××　发料：张 ××　主管：蔡 ××　领料：黄 ××

附表9　领料单

领用部门：机加工车间　　用途：管理用　　20×× 年4月11日　　NO.005

材料名称	单位	领用数量	实发数量	单价	发料金额合计
打印纸	箱	4	4	300	1200

第二联　记账联

制单：张 ××　记账：徐 ××　发料：张 ××　主管：蔡 ××　领料：黄 ××

附表 10　领料单

领用部门：结构件车间　　用途：丙产品　　20×× 年 4 月 11 日　　NO.006

材料名称	单位	领用数量	实发数量	单价	发料金额合计
材料 3	箱	1.8	1.8	8500	15300

第二联　记账联

制单：张 ××　记账：徐 ××　发料：张 ××　主管：蔡 ××　领料：黄 ××

附表 11　领料单

领用部门：结构件车间　　用途：丁产品　　20×× 年 4 月 11 日　　NO.007

材料名称	单位	领用数量	实发数量	单价	发料金额合计
材料 4	箱	3	3	8800	26400

第二联　记账联

制单：张 ××　记账：徐 ××　发料：张 ××　主管：蔡 ××　领料：黄 ××

附表 12　领料单

领用部门：结构件车间　　用途：丁产品　　20×× 年 4 月 11 日　　NO.008

材料名称	单位	领用数量	实发数量	单价	发料金额合计
材料 4	箱	2	2	8800	17600

第二联　记账联

制单：张 ××　记账：徐 ××　发料：张 ××　主管：蔡 ××　领料：黄 ××

附表 13　领料单

领用部门：结构件车间　　用途：丙产品、丁产品　　20×× 年 4 月 11 日　　NO.009

材料名称	单位	领用数量	实发数量	单价	发料金额合计
包装材料 N	箱	4200	4200	19.2	80640

第二联　记账联

制单：张 ××　记账：徐 ××　发料：张 ××　主管：蔡 ××　领料：黄 ××

附表 14　领料单

领用部门：结构件车间　　用途：管理用　　20×× 年 4 月 11 日　　NO.010

材料名称	单位	领用数量	实发数量	单价	发料金额合计
打印纸	箱	3	4	300	1200

第二联　记账联

制单：张 ××　记账：徐 ××　发料：张 ××　主管：蔡 ××　领料：黄 ××

附表 15　领料单

领用部门：销售部　　用途：广告　　20×× 年 4 月 19 日　　NO.011

材料名称	单位	领用数量	实发数量	单价	发料金额合计
打印纸	箱	3	3	300	900

第二联　记账联

制单：张 ××　记账：徐 ××　发料：张 ××　主管：蔡 ××　领料：黄 ××

附表 16　领料单

领用部门：销售部　　用途：广告　　20××年4月21日　　NO.012

材料名称	单位	领用数量	实发数量	单价	发料金额合计
纸箱	个	800	800	0.8	640

第二联　记账联

制单：张××　记账：徐××　发料：张××　主管：蔡××　领料：黄××

附表 17　领料单

领用部门：厂部　　用途：广告　　20××年4月27日　　NO.013

材料名称	单位	领用数量	实发数量	单价	发料金额合计
打印纸	箱	3	6	300	1800

第二联　记账联

制单：张××　记账：徐××　发料：张××　主管：蔡××　领料：黄××

【实训要求】

（1）请帮助仓库管理员编制发料凭证汇总表（附表18）。

附表 18　发料凭证汇总表

20××年4月30日

领料单位	材料名称	用途	单位	数量	单价	金额
合计						

财务主管：郝××　记账：蒋××　审核：江××　填制：李××

（2）请帮助成本会计编制材料耗费分配表（附表 19），并编制相关会计分录。

附表 19　材料耗费分配表

年　　月　　　　　　　　　　　　　　单位：元

应借科目		成本或费用项目	直接计入	分配计入			合计
				分配标准	分配率	分配金额	

财务主管：郝 ××　　　　记账：李 ××　　　　审核：蒋 ××　　　　填制：王 ××

辅助生产费用的分配

【实训资料】

丁公司有两个辅助生产车间——锅炉车间和机修车间，20×× 年 7 月有关辅助生产成本的资料见附表 20，两个辅助生产车间均未设置“制造费用”科目。

附表 20　辅助生产车间提供劳务量汇总

辅助生产车间名称		机修车间	锅炉车间
待分配成本		480000 元	45000 元
供应劳务、产品数量		160000 小时	10000 立方米
耗用劳务、产品数量	锅炉车间	10000 小时	
	机修车间		1000 立方米
	第一车间	80000 小时	5100 立方米
	第二车间	70000 小时	3900 立方米

【实训要求】

（1）试着用5种不同的分配方法分配该公司的辅助生产成本，填写辅助生产费用分配表（附表21至附表25），并写出相应的会计分录。其中，采用计划成本分配法时，假定机修车间每修理工时耗费2.5元，锅炉车间每立方米耗费4元。

附表21　辅助生产费用分配表（直接分配法）

辅助生产车间名称			机修车间	锅炉车间	合计
待分配成本					
对外供应劳务数量					
单位成本（分配率）					
基本生产车间	第一车间	耗用数量			
		分配金额			
	第二车间	耗用数量			
		分配金额			
金额合计					

附表22　辅助生产费用分配表（交互分配法）

分配方向			交互分配（对内分配）			对外分配		
辅助生产车间名称			机修车间	锅炉车间	合计	机修车间	锅炉车间	合计
待分配成本								
供应劳务数量								
单位成本（分配率）								
辅助车间	机修车间	耗用数量						
		分配金额						
	锅炉车间	耗用数量						
		分配金额						
	分配金额小计							
基本车间	第一车间	耗用数量						
		分配金额						
	第二车间	耗用数量						
		分配金额						
分配金额小计								

附表 23　辅助生产费用分配表（计划成本分配法）

辅助生产车间名称			机修车间	锅炉车间	合计
待分配辅助生产费用					
供应劳务数量					
计划单位成本					
辅助生产车间耗用	锅炉车间	耗用量			
		分配金额			
	机修车间	耗用量			
		分配金额			
	分配金额小计				
基本生产耗用	第一车间	耗用量			
		分配金额			
	第二车间	耗用量			
		分配金额			
	分配金额小计				
按计划成本分配金额合计					
辅助生产实际成本					
辅助生产成本差异					

附表 24　辅助生产费用分配表（代数分配法）

辅助生产车间名称			机修车间	锅炉车间	合计
待分配辅助生产费用					
供应劳务数量					
用代数算出的实际单位成本					
辅助生产车间耗用	锅炉车间	耗用量			
		分配金额			
	机修车间	耗用量			
		分配金额			
	分配金额小计				
基本生产耗用（计入“制造费用”）	第一车间	耗用量			
		分配金额			
	第二车间	耗用量			
		分配金额			
	分配金额小计				
合计					

附表 25　辅助生产费用分配表（顺序分配法）

会计科目	生产成本——辅助生产成本						制造费用				分配金额合计
车间部门	机修车间			锅炉车间			第一车间		第二车间		
	劳务数量	待分配费用	分配率	劳务数量	待分配费用	分配率	耗用数量	耗用金额	耗用数量	耗用金额	
分配修理费用											

（2）比较 5 种分配方法的优缺点及适用范围，并与大家讨论该公司适合采用什么样的分配方法。

年度计划分配率分配法

【实训资料】

新意变压器有限公司基本生产车间预计全年制造费用为 92000 元，全年计划生产高压变压器 8000 件、低压变压器 6000 件。单位高压变压器定额工时为 2 小时，单位低压变压器定额工时为 5 小时。该车间 12 月份实际产量为：高压变压器 650 件，低压变压器 700 件；12 月份实际发生制造费用为 12000 元。假定该企业全年实际发生制造费用为 90250 元。采用计划分配率分配法已分配转出制造费用 95000 元，其中高压变压器已分配的制造费用为 35000 元，高压变压器已分配的制造费用为 60000 元，全年实际发生的制造费用和计划的差异按高压变压器、低压变压器两种产品全年计划分配率进行分配。

【实训要求】

（1）计算制造费用年度计划分配率。

（2）按年度计划分配率法分配该企业 12 月制造费用，并写出相关会计分录。

（3）年末，对按计划分配率分配的制造费用和实际发生的制造费用的差额进行追加调整，并编制相关会计分录。

废品损失的核算

【实训资料】

科源公司基本生产第一车间生产 MSP 型号电机，20×× 年 6 月，完工产量为 100 件，在验收入库时发现可修复废品 10 件。在修复这些废品中共耗用材料费用 523 元，耗用生产工时 250 小时，本月职工薪酬的分配率为 3 元 / 小时，制造费用分配率为 2 元 / 小时，本月修复废品应分配职工薪酬为 750 元，应分配制造费用 500 元。经查，应由过失人赔偿 100 元，回收入库残料价值 56 元。废品通知单见附表 26。

附表 26　废品通知单

车　　间：第一车间　　　　　　　　　　　　　　　　　　编　　号：001

生产小组：6　　　　　　　　　　　　　　　　　　　　　开工日期：20×× 年 6 月 2 日

<table>
<tr><td rowspan="2">原工作通知单号</td><td colspan="2">产品</td><td>计量</td><td>工时</td><td colspan="2">每工时加工单价</td><td>材料定额</td></tr>
<tr><td>名称 / 型号</td><td>数量</td><td>单位</td><td>定额</td><td>人工</td><td>制造费用</td><td>材料定额</td></tr>
<tr><td>7865</td><td>MSP 型号电机</td><td>10</td><td>个</td><td>250 小时 / 个</td><td>3 元</td><td>2 元</td><td>523 元</td></tr>
<tr><td>工废工件</td><td colspan="7">操作有误</td></tr>
<tr><td colspan="3">责任者</td><td colspan="2">追偿废品</td><td colspan="3">残料入库</td></tr>
<tr><td colspan="2">姓 名</td><td>工号</td><td colspan="2">金额</td><td colspan="3" rowspan="2">56 元</td></tr>
<tr><td colspan="2">林 ××</td><td>62</td><td colspan="2">100 元</td></tr>
<tr><td colspan="3">检验员：王 ××</td><td colspan="2"></td><td colspan="3">责任人：韩 ××</td></tr>
</table>

【实训要求】

（1）填写废品损失计算单（附表 27）。

附表 27　废品损失计算单

生产单位：　　车间　　　　　　　年　　月　　　　　　产品名称：　　　　　　　　金额单位：元

<table>
<tr><td colspan="2">年</td><td rowspan="2">凭证</td><td rowspan="2">摘要</td><td rowspan="2">直接材料</td><td rowspan="2">直接人工</td><td rowspan="2">制造费用</td><td rowspan="2">合计</td></tr>
<tr><td>月</td><td>日</td></tr>
<tr><td></td><td></td><td></td><td>分摊修复费用</td><td></td><td></td><td></td><td></td></tr>
<tr><td></td><td></td><td></td><td>应收赔款</td><td></td><td></td><td></td><td></td></tr>
<tr><td></td><td></td><td></td><td>回收残料价值</td><td></td><td></td><td></td><td></td></tr>
<tr><td></td><td></td><td></td><td>合计</td><td></td><td></td><td></td><td></td></tr>
<tr><td></td><td></td><td></td><td>结转净损失</td><td></td><td></td><td></td><td></td></tr>
</table>

（2）编制相关会计分录。

生产费用在完工产品和月末在产品之间的分配

【实训资料 1】

甲企业采用不计算在产品成本法进行产品成本的计算。20×× 年 8 月，该企业 A 产品共发生生产费用 29294 元，其中直接材料 19136 元，直接人工 6790 元，制造费用 3368 元。本月完工产品 100 千克，月末在产品数量很小，故忽略不计。

附表 28　产品成本计算单

产品名称：A 产品　　　　　　　　20×× 年 8 月　　　　　　　　　　　单位：元

项目	直接材料	直接人工	制造费用	合计
月初在产品成本				
本月发生生产费用				
生产费用合计				
本月完工产品成本				
完工产品单位成本				
月末在产品成本				

【实训要求】

填写产品成本计算单（附表28），并编制产品完工入库的会计分录。

【实训资料2】

甲企业主要生产B产品，其生产较为稳定，各月间月末在产品数量平稳，变动不大，故企业采用在产品按固定成本计算法计算B产品成本。经测定，企业各月末在产品总固定成本为9800元，其中直接材料5000元，直接人工3200元，制造费用1600元。8月月初在产品90件，本月投产800件，本月完工805件。本月发生生产费用为91907元，其中：直接材料63525元，直接人工20532元，制造费用7850元。

【实训要求】

填写产品成本计算单（附表29），并编制产品完工入库的会计分录。

附表29 产品成本计算单

产品名称：B产品　　20××年8月　　单位：元

项目	直接材料	直接人工	制造费用	合计
月初在产品成本				
本月发生生产费用				
生产费用合计				
本月完工产品成本				
完工产品单位成本				
月末在产品成本				

【实训资料3】

甲企业只生产C产品一种产品，此产品成本结构中原材料费用占总成本费用的70%～80%。为简化成本核算，该企业采用在产品按原材料费用计算法计算产品成本。20××年8月，企业月初在产品成本为5050元，本月发生生产费用69800元，其中：直接材料为60000元，直接人工为6000元，制造费用为3800元。原材料于生产开始时一次性投入。企业月初在产品100件，本月投入1200件，本月完工1000件。

【实训要求】

填写产品成本计算单（附表30），并编制产品完工入库的会计分录。

附表30 产品成本计算单

产品名称：C产品　　20××年8月　　单位：元

项目	直接材料	直接人工	制造费用	合计
月初在产品成本				
本月发生生产费用				
生产费用合计				
完工产品数量				
在产品数量				
费用分配率				
本月完工产品成本				
完工产品单位成本				
月末在产品成本				

【实训资料 4】

某企业甲产品单位工时定额 20 小时，经过三道工序制成，各工序工时定额分别为 4 小时、8 小时、8 小时。各道工序内加工程度均按 50% 计算，本月完工产品 200 件，各工序在产品数量分别为 20 件、40 件、60 件。月初加本月发生的生产费用为：直接材料 16000 元（原材料在生产开始时一次投入），直接人工 7980 元，制造费用 8512 元。

【实训要求】

（1）分工序计算在产品完工率和约当产量，将计算结果填入附表 31 中。

附表 31　在产品完工率及约当产量计算表

工序	在产品完工率	在产品约当产量
合计		

（2）在完工产品和在产品之间分配各项费用，将计算结果填入附表 32 中。

附表 32　产品成本计算单

项目	直接材料	直接人工	制造费用	合计
生产费用合计				
分配率				
完工产品成本				
月末在产品成本				

【实训资料 5】

天长公司 Q8 产品的月末在产品按定额成本计算法。20×× 年 6 月，Q8 在产品数量 100 件，完工产品 500 件，原材料是生产开始时一次投入。单位在产品的原材料费用定额为 60 元，单位在产品的工时定额为 8 小时，小时人工费用定额为 4 元，小时制造费用定额为 3 元。月初在产品和本月发生的生产费用为：原材料 80000 元，直接人工 26000 元，制造费用 18000 元。

【实训要求】

填写产品成本计算单（附表 33），并写出产品完工入库的会计分录。

附表 33　产品成本计算单

产品名称：Q8 产品　　　　20×× 年 6 月　　　　单位：元

成本项目	直接材料	直接人工	制造费用	合计
累计生产费用	80000	26000	18000	124000
月末在产品成本				
完工产品成本				
产成品单位成本				

【实训资料 6】

大地公司 20×× 年 6 月生产加工 N1 产品，有关费用见附表 34。

附表 34　N1 产品生产资料

项目	直接材料	直接人工	制造费用	合计
月初在产品 / 元	5600	2600	1400	9600
本月生产费用 / 元	44800	19000	16840	80640
单位完工产品定额	60 千克	40 小时	40 小时	
月末在产品定额	60 千克	20 小时	20 小时	
完工产品产量 / 件				500
月末在产品产量 / 件				200

【实训要求】

填写产品成本计算单（附表 35），并写出产品完工入库的会计分录。

附表 35　产品成本计算单

产品名称：N1 产品　　　　20×× 年 6 月　　　　单位：元

成本项目	直接材料	直接人工	制造费用	合计
月初在产品成本				
本月生产费用				
生产费用合计				
分配率				
本月完工产品总成本				
本月完工产品单位成本				
月末在产品成本				

简化分批法

【实训资料】

飞跃电机厂小批量生产多种产品，产品批数多。为了简化核算，采用简化分批法计算各批次产品成本。该企业 8 月份各批产品的情况是：

第 1001 批号 A 产品 10 件，6 月份投产，本月完工；

第 1002 批号 B 产品 8 件，6 月份投产，本月完工 2 件，材料费用按完工产品与在产品数量比例分配，在产品定额工时为 37000 小时；

第 1003 批号 C 产品 10 件，6 月份投产，本月全部未完工；

第 1004 批号 D 产品 18 件，6 月份投产，本月全部未完工。

该企业 8 月月初在产品成本和本期生产费用及实际耗用工时已经登记在“基本生产成本二级账户”，各批号“基本生产成本明细账”详见附表 36 至附表 40。该企业的直接材料费用为直接计入费用，因该企业采用计时工资制度，所以直接人工费用为间接计入费用。

【实训要求】

（1）根据上述资料，用简化分批法登记基本生产成本二级账和基本生产成本明细账。

附表 36　基本生产成本二级账

（各批产品全部总成本）

月	日	摘要	直接材料	生产工时 / 小时	直接人工	制造费用	合计
7	31	在产品成本	180000	150000	84000	75000	339000
8	31	本月生产费用	200000	50000	16000	45000	261000
8	31	生产费用合计	380000	200000	100000	120000	600000
8	31	累计费用分配率					
8	31	完工产品总成本					
8	31	月末在产品成本					

附表 37　基本生产成本明细账

产品名称：A 产品　　产品批别：#1001　　投产日期：6 月份　　完工日期：8 月份

月	日	摘要	直接材料	生产工时 / 小时	直接人工	制造费用	合计
6	30	在产品成本	20000	21000			
7	31	本月生产费用	10000	12000			
8	31	本月生产费用	30000	3500			
8	31	生产费用合计	60000	36500			
8	31	累计费用分配率					
8	31	完工产品总成本					
8	31	完工产品单位成本					

附表 38　基本生产成本明细账

产品名称：B 产品　　产品批别：#1002　　投产日期：6 月份　　完工日期：

月	日	摘要	直接材料	生产工时 / 小时	直接人工	制造费用	合计
6	30	在产品成本	15000	17000			
7	31	本月生产费用	22000	18000			
8	31	本月生产费用	50000	14800			
8	31	生产费用合计	87000	49800			
8	31	累计费用分配率					
8	31	完工产品总成本					
8	31	完工产品单位成本					
8	31	月末在产品成本					

附表 39　基本生产成本明细账

产品名称：C 产品　　产品批别：#1003　　投产日期：6 月份　　完工日期：

月	日	摘要	直接材料	生产工时 / 小时	直接人工	制造费用	合计
6	30	在产品成本	44000	31000			
7	31	本月生产费用	13000	15000			
8	31	本月生产费用	70000	17000			
8	31	生产费用合计	127000	63000			

附表 40　基本生产成本明细账

产品名称：D 产品　　产品批别：#1004　　投产日期：6 月份　　完工日期：

月	日	摘要	直接材料	生产工时 / 小时	直接人工	制造费用	合计
6	30	在产品成本	32000	23000			
7	31	本月生产费用	24000	13000			
8	31	本月生产费用	50000	14700			
8	31	生产费用合计	106000	50700			

（2）计算完工产品成本，并编制相关会计分录。

分步法

【实训资料 1】

练习逐步结转分步法——综合结转。

保利食品加工厂设有第一、第二、第三 3 个基本生产车间，大量生产 Z1 产品。Z1 产品顺序经过 3 个车间加工，第一车间生产的产品为 Z1 产品的 A 半成品，完工后不经过半成品仓库，全部直接交给第二车间继续加工；第二车间将 Z1 产品 A 半成品进一步加工为 Z1 产品 B 半成品，完工后全部交给半成品仓库；第三车间从半成品仓库领出 B 半产品继续加工为 Z1 产成品，完工后全部交产成品仓库。

Z1 产品原材料在第一车间生产开始时一次投入；第二、第三车间转入或领用的 A 半成品、B 半成品，也都在各该生产步骤生产开始时一次投入；各生产步骤（车间）本身的直接人工费用和制造费用的发生都比较均衡，月末各车间在产品的完工程度按 50% 计算。

该厂本月各生产车间发生的费用已经在各成本核算对象之间进行了分配，本月各生产车间生产数量记录资料，各生产车间 Z1 产品（产成品和半成品）的生产费用资料见附表 41 至附表 43。

附表 41　B 半成品明细账（加权平均法）

产品名称：B 半成品　　计量单位：件

年		摘要	收入			发出			结存		
月	日		数量	单价	金额	数量	单价	金额	数量	单价	金额
10	1	月初余额							40	1650	66000
		二车间转入	200								
		三车间领用				200					

附表 42　保利食品加工厂生产产量记录资料

项目	第一车间	第二车间	第三车间
月初在产品	20	40	40
本月投入或上步转入	220	200	200
本月完工转入下步骤或交库	200	200	220
月末在产品	40	40	20

附表 43　保利食品加工厂生产费用记录资料

产品名称：Z1　　20×× 年 10 月　　单位：元

项目	第一车间	第二车间	第三车间
月初在产品成本	14500	52000	80000
其中：直接材料	10000	38000	66000
直接人工	2500	8000	8000
制造费用	2000	6000	6000
本月本步骤发生生产费用	204500	140000	147000
其中：直接材料	110000		
直接人工	52500	80000	84000
制造费用	42000	60000	63000

【实训要求】

（1）编制各步骤成本计算单（附表 44 至附表 48），采用综合结转分步法计算各步骤半成品成本及产成品成本，并采用逐步结转分步法进行成本还原。

（2）编制相关会计分录。

附表 44　第一车间产品成本计算单

产品名称：A 半产品　　20×× 年 10 月　　单位：元

摘要	直接材料	直接人工	制造费用	合计
月初在产品成本				
本月发生生产费用				
生产费用合计				
本月完工 A 半成品数量				
月末在产品约当产量				
约当总产量				
完工 A 半成品单位成本				
完工 A 半成品总成本				
月末在产品成本				

附表 45　第二车间产品成本计算单

产品名称：B 半产品　　20×× 年 10 月　　单位：元

摘要	上步转入	本步发生		合计
	A 半成品	直接人工	制造费用	
月初在产品成本				
本月发生生产费用				
本月上步转入费用				
生产费用合计				
本月完工 B 半成品数量				
月末在产品约当产量				
约当总产量				
完工 B 半成品单位成本				
完工 B 半成品总成本				
月末在产品成本				

附表 46　B 半成品明细账（加权平均法）

产品名称：B 半成品　　　　　　　　　　　　　　　　　　　　　　　　计量单位：件

年		摘要	收入			发出			结存		
月	日		数量	单价	金额	数量	单价	金额	数量	单价	金额
10	1	月初余额									
		二车间转入									
		三车间领用									

附表 47　第三车间 Z1 产品成本计算单

产品名称：第三车间 Z1 产品　　　　20×× 年 10 月　　　　　　　　单位：元

摘要	上步转入	本步发生		合计
	B 半成品	直接人工	制造费用	
月初在产品成本				
本月发生生产费用				
本月上步转入费用				
生产费用合计				
本月完工 Z1 产品数量				
月末在产品约当量				
约当总产量				
完工 Z1 产品单位成本				
完工 Z1 产品总成本				
月末在产品成本				

附表 48　产品成本还原计算表

单位：元

摘要	成本还原率	B 半成品	A 半成品	直接材料	直接人工	制造费用	合计
还原前总成本							
本月所产 B 半成品成本							
第一次成本还原							
本月所产 A 半成品成本							
第二次成本还原							
还原后总成本							
还原后单位成本							

【实训资料 2】

练习逐步结转分步法——分项结转。

保利食品加工厂设有第一、第二、第三基本生产车间，大量生产 Z1 产品。Z1 产品顺序经过 3 个车间加工，第一车间生产的产品为 Z1 产品的 A 半成品，完工后不经过半成品仓库，全部直接交给第二车间继续加工；第二车间将 Z1 产品 A 半成品进一步加工为 Z1 产品 B 半成品，完工后全部交给半成品仓库；第三车间从半成品仓库领出 B 半产品继续加工为 Z1 产成品，完工后全部交产成品仓库。

Z1 产品原材料在第一车间生产开始时一次投入；第二、第三车间转入或领用的 A 半成品、B 半成品，也都在各生产步骤生产开始时一次投入；各生产步骤（车间）本身的直接人工费用和制造费用的发生都比较均衡，月末各车间在产品的完工程度按 50% 计算。

该厂本月各车间发生的费用已经在各成本核算对象之间进行了分配，本月各车间生产数量记录资料，各车间 Z1 产品（产成品和半成品）的生产费用资料见附表 49 至附表 51。

附表 49　保利食品加工厂生产费用记录资料

单位：元

项目	第一车间	第二车间	第三车间
月初在产品成本合计	14500	52000	80000
（1）直接材料	10000	20000	20000
本步发生	10000		
上步转入		20000	20000
（2）直接人工	2500	18000	34000
本步发生	2500	8000	8000
上步转入		10000	26000
（3）制造费用	2000	14000	26000
本步发生	2000	6000	6000
上步转入		8000	20000
本月本步骤发生生产费用	204500	140000	147000
（1）直接材料	110000		
（2）直接人工	52500	80000	84000
（3）制造费用	42000	60000	63000

附表 50　保利食品加工厂生产产量记录资料

单位：元

项目	第一车间	第二车间	第三车间
月初在产品	20	40	40
本月投入或上步转入	220	200	200
本月完工转入下步骤或交库	200	200	220
月末在产品	40	40	20

附表 51　B 半成品成本明细账（汇总账页）

产品名称：B 半成品　　　　计量单位：元

年		摘要	数量 / 件	金额合计	其中		
月	日				直接材料	直接人工	制造费用
10	1	月初结存	40	66000	20000	26000	20000

【实训要求】

（1）编制各步骤成本计算单（附表 52 至附表 55），采用分项结转分步法计算各步骤半成品成本及产成品成本。

附表 52　第一车间产品成本计算单

产品名称：A 半产品　　单位：元

摘要	直接材料	直接人工	制造费用	合计
月初在产品成本				
本月发生生产费用				
生产费用合计				
本月完工 A 半成品数量				
月末在产品约当产量				
约当总产量				
完工 A 半成品单位成本				
完工 A 半成品总成本				
月末在产品成本				

附表 53　第二车间产品成本计算单

产品名称：B 半产品　　单位：元

摘要	直接材料		直接人工		制造费用		合计
	上步转入	本步发生	上步转入	本步发生	上步转入	本步发生	
月初在产品成本							
本月发生生产费用							
本月上步转入费用							
生产费用合计							
本月完工产品数量							
月末在产品约当量							
约当总产量							
完工产品单位成本							
完工产品总成本							
月末在产品成本							

附表 54　B 半成品成本明细账（汇总账页）

产品名称：B 半成品　　计量　　单位：元

摘要	数量 / 件	金额合计	其中		
			直接材料	直接人工	制造费用
月初结存					
本月第二车间交库					
合计					
加权平均单位成本					
第三车间领用					
月末结存					

附表 55　第三车间产品成本计算单

产品名称：Z1 产品　　　　单位：元

摘要	直接材料		直接人工		制造费用		合计
	上步转入	本步发生	上步转入	本步发生	上步转入	本步发生	
月初在产品成本							
本月发生生产费用							
本月上步转入费用							
生产费用合计							
本月完工产品数量							
月末在产品约当量							
约当总产量							
完工产品单位成本							
完工产品总成本							
月末在产品成本							

（2）编制相关会计分录。

【实训资料 3】

练习平行结转分步法。

大华工厂设有第一、第二和第三 3 个基本生产车间，大量生产 M1 产品。M1 产品原材料在第一车间生产开始时一次投入，然后顺序经过第二和第三生产车间加工。第一车间生产的产品为 M1 产品的 A 半成品，完工后不经过半成品仓库，全部直接交给第二车间继续加工；第二车间将 M1 产品的 A 半成品进一步加工为 M1 产品的 B 半成品，完工后全部直接交给第三车间继续加工为 M1 产品产成品；第三车间生产完工后全部交给产成品仓库。

该厂需要分生产车间（生产步骤）控制费用，但由于自制的 A 半成品和 B 半成品都全部用于 M1 产品生产，不对外出售，为了简化计算，不计算半成品成本，成本核算采用平行结转分步法。

根据平行结转分步法的原理，该厂以生产的 M1 产品产成品及其所经的生产步骤为成本核算对象，按照第一、第二和第三 3 个生产车间开设产品生产成本明细账，并按直接材料、直接人工和制造费用 3 个成本项目设专栏组织核算。

该厂生产费用在完工产品和月末在产品之间的分配采用约当产量法。M1 产品月初在产品成本和本月本车间发生的生产费用资料、本月各生产车间生产数量资料见附表 56 至附表 57。

附表 56　生产费用记录资料

产品名称：M1 产品　　　　单位：元

项目	第一车间	第二车间	第三车间
月初在产品成本	7870	1630	1200
其中：直接材料	5030		
直接人工	1880	950	540
制造费用	960	680	660
本月本步骤发生的生产费用	33920	7850	8751
其中：直接材料	25000		
直接人工	5680	4330	4810
制造费用	3240	3520	3941

附表 57　生产数量记录资料

产品名称：M1 产品　　　　单位：件

项目	第一车间	第二车间	第三车间
月初在产品	8	14	22
本月投入或上步转入	110	90	92
本月完工转入下步或交库	90	92	100
月末在产品	28	12	14
加工程度	50%	50%	50%

【实训要求】

（1）采用平行结转分步法计算产成品，编制各步骤成本计算单及产品成本汇总表（附表 58 至附表 61）。

附表 58　第一车间产品成本计算单

产品名称：M1 产品　　　　单位：元

摘要		直接材料	直接人工	制造费用	合计
月初在产品成本					
本月发生生产费用					
生产费用合计					
最终产成品数量					
在产品约当量	本步在产品约当量				
	已交下步未完工半成品				
生产总量（分配标准）					
单位产成品成本份额					
计入产成品成本份额					
月末在产品成本					

附表 59　第二车间产品成本计算单

产品名称：M1 产品　　　　单位：元

摘要		直接材料	直接人工	制造费用	合计
月初在产品成本					
本月发生生产费用					
生产费用合计					
最终产成品数量					
在产品约当量	本步在产品约当量				
	已交下步未完工半成品				
生产总量（分配标准）					
单位产成品成本份额					
计入产成品成本份额					
月末在产品成本					

附表 60　第三车间产品成本计算单

产品名称：M1 产品　　　　　　　　　　　　　　　　　　　　单位：元

摘要		直接材料	直接人工	制造费用	合计
月初在产品成本					
本月发生生产费用					
生产费用合计					
最终产成品数量					
在产品约当量	本步在产品约当量				
	已交下步未完工半成品				
生产总量（分配标准）					
单位产成品成本份额					
计入产成品成本份额					
月末在产品成本					

附表 61　产品成本计算汇总表

产品名称：Z1 产品　　　　产量：100 件　　　　单位：元

车间	直接材料	直接人工	制造费用	合计
第一车间				
第二车间				
第三车间				
完工产品总成本				
完工产品单位成本				

（2）编制相关会计分录。